초등학생이 꼭 알아야 할 모든 교양
건축 이야기 51

글 | 유철종 양성희 이광배
그림 | 박종호

1판 1쇄 발행 | 2016년 12월 14일
1판 2쇄 발행 | 2017년 8월 30일

펴낸이 | 김영곤
이사 | 이유남
에듀콘텐츠팀장 | 김지혜
에듀콘텐츠팀 | 탁수진 이명선 유하은
책임개발 | 이장건 **책임편집** | 김의경
아동마케팅본부장 | 신정숙
아동마케팅팀 | 변유경 김미정 김은지
아동영업팀 | 김창훈 오하나 임우섭
소셜콘텐츠팀 | 김경애 한아름 백윤진
본문디자인 | 02정보디자인연구소 **본문편집** | 02정보디자인연구소
표지디자인 | 김수아

펴낸곳 | (주)북이십일 을파소
출판등록 | 2000년 5월 6일 제406-2003-061호
주소 | (우 10881)경기도 파주시 회동길 201(문발동)
연락처 | 031-955-2167(영업마케팅)　031-955-2157(기획개발)　031-955-2177(팩스)
홈페이지 | www.book21.com
사진제공 | 59쪽 ⓒfrakorea, 위키피디아
34쪽, 134쪽 ⓒ위키피디아
109쪽, 115쪽 ⓒ이미지투데이
40쪽, 53쪽, 56쪽, 62쪽, 65쪽, 68쪽, 74쪽, 75쪽, 84쪽, 90쪽, 100쪽, 112쪽, 118쪽, 168쪽 ⓒ게티이미지

ISBN 978-89-509-6744-4 73300

ⓒ유철종 양성희 이광배

책 값은 뒤표지에 있습니다.
이 책 내용의 일부 또는 전부를 재사용하려면 반드시 (주)북이십일의 동의를 얻어야 합니다.
잘못 만들어진 책은 구입하신 서점에서 교환해 드립니다.

- 제조자명 : (주)북이십일
- 주소 및 전화번호 : 경기도 파주시 문발동 회동길 201(문발동) / 031-955-2100
- 제조연월 : 2017년 8월 30일
- 제조국명 : 대한민국
- 사용연령 : 8세 이상 어린이 제품

건축을 아는 어린이가
자신의 인생을 잘 설계합니다.

'건축이라고 하면 어쩐지 어려운 것 같아.'

　이 책은 건축을 어렵게 생각하는 어린이들에게 쉬운 길잡이가 될 거예요. 우리는 항상 건축과 함께 살아가지요. 우리집, 친구네 집, 옆집, 아파트와 학교, 분식 집, 학원, 편의점, 병원과 은행 등이 모두 다 건축물이기 때문이죠. 그런데 이런 건축물들은 어떻게 지어질까요?

　건축물들은 엄청 복잡하고 힘든 과정을 거쳐 지어져요. 건물을 지으려면 토목, 조경, 기계, 설비, 배관, 전기, 정보 통신, 소방 분야의 기술자들이 협력해서 건물을 완성해야 하지요. 건축은 이 모든 분야의 중심이 되어 지휘자의 역할을 하고 있어요. 아무리 크고 높은 건축물이라도 기초를 튼튼히 다지고 잘 설계해서 한 층씩 올리다 보면 언젠간 아름답게 완성이 되지요. 우리들의 삶도 같아요.

　건축을 함께 공부하며, 여러분들도 인생이라는 오케스트라의 지휘자가 되어 멋진 인생을 설계하고, 다양한 사람들과 조화롭게 살 수 있는 방법을 알게 되면 좋겠어요. 또 거기에 한 층 한 층 노력하는 시간들을 쌓아간다면 멋진 인생을 만들 수 있을 거예요. 비바람을 이겨 내고 버텨 온 건축물들처럼 튼튼하고 멋진 인생들이 많이 만들어지길 기대할게요.

'초등학생이 꼭 알아야 할 모든 교양 건축 이야기 51'에는 초등학생들이 건축에 대해 궁금해하는 사소한 질문부터, 건축의 역사, 건축의 구조, 건축과 과학, 건축과 예술, 건축과 안전, 건축과 미래 등에 관한 질문까지 다양한 이야기가 들어 있어요.

옛날의 건축물들은 어땠을까요? 세계의 유명한 건축물들은 어떤 것일까요? 어떤 모양의 건축물들이 있는 걸까요? 또 가장 넓거나, 가장 작거나, 가장 길거나 한 여러 가지 건축물들도 다뤄 보았어요. 그리고 세계를 여행할 때, 건축을 잘 이해하고 떠날 수 있도록 돕고자 했지요.

어린이들이 학교 생활을 하거나, 직업을 가질 때 이 책에 나온 건축물들에서 많은 창조적인 아이디어를 얻었으면 해요. 특히 건축사를 꿈꾸는 어린이들에게 큰 도움이 되었으면 좋겠어요.

"현실을 반영하지 않은 상상은 상상으로 멈춰 있지만, 현실을 접목한 상상은 창의로 거듭날 것이다."

2016년 12월
유철종, 양성희, 이광배

차례

머리말 건축을 아는 어린이가 자신의 인생을 잘 설계합니다 ······ 4

01 옛날 옛날 아주 먼 옛날, 최초의 집은 어땠을까요? ······ 10
02 옛날 우리나라 사람들은 어떤 집에서 살았을까요? ······ 13
03 중세 유럽의 성에서는 정말 왕자와 공주가 살았을까요? ···· 16
04 요즘 스타일의 건물들은 언제부터 지어졌을까요? ······ 19
05 건축사는 어떤 일을 하고, 어떻게 하면 될 수 있나요? ······ 22
06 집짓기 공사 전에 미리 해 두어야 할 일이 있나요? ······ 25
07 건축물은 어떤 과정을 거쳐 만드나요? ············ 28
08 사람이 살기 위해 건물 안에 꼭 해야 하는 공사가 있나요? ··· 31

세기의 건축물 1 **호주 시드니 오페라 하우스** ················ 34

09 실내 인테리어는 어떻게 하나요? ················ 35
10 건축물을 지을 때 필요한 장비는 무엇인가요? ·········· 38

11 집과 인체가 서로 닮은 점이 있을까요? · · · · · · · · · · 41

12 우리집에서 오감을 느낄 수 있는 공간이 있을까요? · · · · · · 44

13 건축도 사람처럼 생애 주기가 있을까요? · · · · · · · · · · 47

14 건축물의 재료에는 어떤 것들이 있나요? · · · · · · · · · · 50

세기의 건축물 2 미국 백악관(화이트 하우스) · · · · · · · · · · · · 53

15 나무로 지은 대표적인 건축물은 무엇인가요? · · · · · · · · · 54

16 돌로 지은 대표적인 건축물은 무엇인가요? · · · · · · · · · · 57

17 종이로 지은 대표적인 건축물은 무엇인가요? · · · · · · · · · 60

18 금속으로 지은 대표적인 건축물은 무엇인가요? · · · · · · · · 63

19 벽돌로 지은 대표적인 건축물은 무엇인가요? · · · · · · · · · 66

20 유리로 지은 대표적인 건축물은 무엇인가요? · · · · · · · · · 69

21 콘크리트로 지은 대표적인 건축물은 무엇인가요? · · · · · · · 72

세기의 건축물 3 미국 엠파이어스테이트 빌딩 · · · · · · · · · · · · 75

22 한국에는 어떤 건축가들이 있나요? · · · · · · · · · · · · · 76

23 조선 시대의 대표적인 건축물은 무엇인가요? · · · · · · · · · 79

24 우리나라에서 최고로 과학적인 건축물은 무엇인가요? · · · · · 82

25 세계에서 가장 길이가 긴 건축물은 무엇인가요? · · · · · · · 85

26 세계에서 가장 높은 건축물은 무엇인가요? ·········· 88

27 세계에서 가장 넓은 건축물과 가장 좁은 건축물은 무엇인가요? 91

28 세계에서 가장 높은 곳에 위치한 건축물은 무엇인가요? ···· 94

29 세계에서 가장 무거운 건축물은 무엇인가요? ········ 97

세기의 건축물 4 그리스 파르테논 신전 ················ 100

30 정육면체 모양으로 된 건축물이 있나요? ·········· 101

31 공 모양으로 된 건축물이 있나요? ············· 104

32 원뿔 모양으로 된 건축물이 있나요? ············ 107

33 원기둥 모양으로 된 건축물이 있나요? ··········· 110

34 아주 이상한 모양으로 된 건축물이 있나요? ········ 113

35 물 위에 건축물을 지을 수 있을까요? ··········· 116

36 기후와 건축은 무슨 관계가 있을까요? ··········· 119

37 건축과 에너지 절약은 어떤 관계가 있나요? ········ 122

38 친환경 건축으로는 어떤 것들이 있을까요? ········· 125

39 건축과 관계있는 산업은 어떤 것이 있을까요? ······· 128

40 건축과 관련된 직업은 무엇인가요? ············ 131

세기의 건축물 5 **영국 버킹엄 궁전** · **134**

41 우리집에도 위험 요소가 있을까요? · · · · · · · · · · · · · **135**

42 지진이 나도 건물이 무너지지 않게 하는 방법은 없을까요? · · **138**

43 건축 안전과 관련된 기관은 무엇인가요? · · · · · · · · · · **141**

44 건축 안전은 무엇이고 왜 필요한가요? · · · · · · · · · · · **144**

45 건축 안전은 누가 지켜야 하나요? · · · · · · · · · · · · · **147**

46 일상 속에서의 사고 예방법은 무엇인가요? · · · · · · · · · **150**

47 그 밖에 알아 두면 좋은 건축 상식이 있나요? · · · · · · · · **153**

48 미래의 건축은 어떤 모습일까요? · · · · · · · · · · · · · · **156**

49 아파트가 일반 주택과 다른 점은 무엇인가요? · · · · · · · **159**

50 발코니와 베란다와 테라스의 차이점은 무엇인가요? · · · · · **162**

51 건축물은 공장에서 만들 수 없나요? · · · · · · · · · · · · **165**

세기의 건축물 6 **캄보디아 앙코르와트** · **168**

01 옛날 옛날 아주 먼 옛날, 최초의 집은 어땠을까요?

"사람들은 언제부터 집에서 살았을까?"

"에이~ 구석기 시대에는 집이 없지 않았을까?"

여러분은 어떻게 생각하나요? 맞아요. 최초의 인류는 집에서 살지 않았어요. 구석기 사람들은 사냥을 하거나 열매를 따 먹으며 옮겨 다니며 살았어요. 그러다 보니 춥거나 더울 때가 많았고 동물의 공격을 받는 일도 잦았지요. 그래서 사람들은 동굴 같은 곳에 들어가 살기 시작했어요.

사람들은 자신을 보호하고 좀 더 쾌적하게 생활하기 위해 건축물이 필요하다고 생각한 것이지요. 집은 호랑이, 곰, 뱀 같은 동물의 위협으로부터 자신과 가족을 지켜 주었고, 바람이나 눈, 추위와 더위를 피할 수 있도록 해 주었어요.

구석기 사람들은 동굴 안에 살면서 그림을 그리기도 했어요. 사냥을 많이 하고 싶은 마음을 담아 들소 같은 동물들을 그렸고요. 아이를 많이 낳고 싶은 마음을 담아 임신한 여자의 모습을 만들기도 했지요. 프랑스의 라스코 동굴에 가면 아직 그 흔적들이 남아 있답니다.

 또 사람들은 나뭇가지로 뼈대를 만들고 그 위에 나뭇잎이나 나무 껍질을 덮어 집을 만들기도 했어요.
 구석기 시대에는 돌을 부수어 떼어 낸 뗀석기를 사용했는데, 신석기 시대에 와서는 돌을 갈아서 만든 간석기를 이용했기 때문에 집 만들기가 더 쉬워졌지요. 그래서 신석기 사람들은 구석기 사람들보다 더 발달한 집을 만들었어요.
 신석기 사람들은 이동 생활을 그만두고 농사를 짓기 시작했어요. 부족을 이루며 강가나 들판에 모여 움집을 짓고 살았지요.
 그런데 신석기 움집은 어떤 모습이었을까요? 신석기 움집은 동그랗게 구멍을 파서 구덩이를 만들고 가운데에 기둥을 세우고, 벽선으로 비스듬하게 여러 개의 기둥을 세운 모양이었어요. 그리고 그 위를 나뭇가지, 풀, 흙으로 덮었지요.

시간이 흘러 사람들은 구리에 주석이나 아연, 납 등을 함께 녹여 굳힌 청동기를 만들어 썼어요. 이때에는 청동기를 사용했기 때문에 신석기 시대보다 조금 더 발달한 움집을 만들어 낼 수 있었어요.

청동기 시대에는 농사 기술이 발달해 사람들은 식량을 저장할 수 있게 되었어요. 농사는 사람들이 사는 집에도 큰 영향을 미쳤지요. 이전까지는 단순히 비나 동물을 피할 수 있는 집을 만들었지만, 점점 식량이 풍족해지고 살기가 좋아지면서 사람들은 주변의 재료와 도구를 이용해 더 아름답고 창조적인 집을 짓기 시작했답니다.

 신석기 움집과 청동기 움집은 어떻게 다를까?

청동기 시대에는 신석기 시대보다 더 발달한 움집이 만들어졌어요. 신석기 시대의 움집은 원형으로 주로 강가에 있었으나, 청동기 시대의 움집은 사각형으로 주로 산의 능선이나 언덕 쪽에 있었어요. 또 청동기 시대의 움집은 한쪽 벽에 화덕이 있는 게 특징이에요.

신석기 시대에는 돌을 이용한 도구로 집을 만들었다면, 청동기 시대에는 청동으로 만든 칼이나 창 같은 도구로 집을 만들었기 때문에 신석기 시대보다 정밀하게 집을 지을 수 있었어요. 도구가 발달하면서, 건축물도 점점 더 발달하게 된 것이지요.

02 옛날 우리나라 사람들은 어떤 집에서 살았을까요?

"옛날 우리 조상들이 살았던 집은 무엇일까?"

"한옥?"

맞아요. 우리 조상들은 한옥에서 살았어요. 한옥은 우리 고유의 뼈대에 한국식 기와, 볏짚, 나무, 흙 등의 자연 재료를 더하여 만든 우리나라식 건축물을 말해요. 그런데 한옥은 언제 우리나라에 생겨났을까요?

약 1500년 전, 그러니까 삼국 시대부터 한옥이 지어졌다고 해요. 사람들은 이때부터 본격적으로 집에다 문화의 옷을 입히려고 했지요. 처음 만들어질 때는 단순한 모습의 한옥이었지만, 세월이 흐르며 한옥도 달라졌어요. 사람들은 한옥을 더욱더 튼튼하고 아름답게 발전시켜 나갔어요.

한옥은 통일 신라 시대, 고려 시대에도 지어졌어요. 그리고 조선 시대에 이르러 지금 우리가 알고 있는 모습의 한옥으로 완전히 자리잡게 되었어요.

건축 기술이 발달하면서 방의 크기도 점점 커지고, 난방 기술도 발전하였지요. 건축물의 모양과 크기는 사는 사람의 신분에 따라 달라졌다고 해요.

그럼, 한옥은 어떤 재료로 만들어졌을까요? 집을 받치는 기초는 돌로 만

들었지요. 서까래, 문, 대청마루, 바닥 등은 나무로 만들었고요. 그리고 벽은 짚과 흙을 섞어 만들었어요. 또 창문은 한지로 만들었지요. 한옥은 이렇게 자연에서 얻을 수 있는 재료로 만들어서 주위 환경과 잘 어울린다는 장점이 있어요. 한옥은 친환경적이기 때문에, 그곳에 사는 사람의 마음을 안정시켜 준다고 해요.

한옥 지붕의 처마를 보면 하늘에 치맛자락이 펼쳐진 것처럼 아름답지 않나요? 그런데 처마는 아름답기만 하라고 만든 것이 아니에요. 한옥 처마는 여름에는 햇볕을 가리고, 겨울에는 방 안쪽까지 따뜻한 햇볕이 전해지도록 설계되었기 때문이에요. 한옥에는 난방을 위한 온돌과, 냉방을 위한 마루가 있어 사람이 사계절 내내 쾌적하게 살 수 있지요.

예로부터 사람들은 한옥을 지을 때 바람이 지나는 길과 물의 위치, 산과 들판의 거리와 방향 등을 살펴서 지었어요. 한옥이 여름에는 시원하고, 겨울에 따뜻한 것은 이러한 우리 고유의 과학 기술로 지은 집이기 때문이에요.

그래서 요즘에도 한옥만을 고집하며 여전히 한옥에 살고 있는 사람들이 있지요. 우리만의 예술성과 과학으로 만들어진 한옥은 세계적인 문화재로도 인정받고 있어요.

 **기와 흙은 어디에서 채취할까?**

전통 기와는 수확이 끝난 논의 겉면에서 50~100cm 아래의 흙을 가지고 만들어요. 기와는 검은 질, 흰 질, 누런 질, 붉은 질 등 흙의 색깔에 따라 기와의 종류가 달라요. 흙만 쓰는 건 아니고, 흙에 모래를 30% 정도 섞어서 반죽을 해서 사용해요. 이 반죽을 기와 모양으로 찍어서 500~1,000도의 높은 온도의 가마에서 구우면 드디어 기와가 완성되지요.

 한옥을 구성하는 부분의 이름은?

주춧돌 - 주춧돌은 기둥을 지탱하며, 기둥으로부터 전달되는 건물의 무게를 땅으로 전달해 줘서 기둥을 더 튼튼하게 하는 돌이에요.
서까래 - 서까래는 전통 한옥에서 지붕을 받치는 가늘고 긴 나무에요.
용마루 - 용마루는 건물의 지붕 중앙에 있는 주된 마루에요. 한식 가옥에서 중심을 이루며 서까래의 받침이 되는 부분이지요.
추녀 - 추녀는 목조 건축물에서 지붕이 처마와 일정한 각도로 만나는 부분에 경계를 이루듯이 걸치는 부분이에요.

03 중세 유럽의 성에서는 정말 왕자와 공주가 살았을까요?

정말로 중세 유럽의 성에는 왕자와 공주가 살았답니다.

중세의 유럽에서는 성이 많이 지어졌어요. 그 성 안에서 왕과 왕비, 공주와 왕자가 함께 살기도 했지요. 그리고 기사들이 지키는 성도 있었어요. '중세 유럽' 하면 여러 가지 전설과 백마 탄 왕자와 예쁜 공주의 이야기가 먼저 떠오르지요?

그런데 사실 성은 그렇게 낭만적인 곳만은 아니었어요. 성은 적으로부터 나라의 땅을 지키고 외부의 침략을 물리치는 곳이었거든요. 그래서 왕자와 공주가 살지 않는 성도 많았답니다.

중세의 대표적인 성으로는 몽생미셸을 꼽을 수 있어요. 몽생미셸은 성이면서 수도원이었어요. 나중에는 감옥으로 사용되기도 했지요.

아마 여러분이 프랑스에 가서 이 성을 본다면 이렇게 탄성을 지를 거예요.
"와~ 역시 멋져! 정말 예쁘다!"

몽생미셸 섬은 프랑스 북부 노르망디 해안에서 조금 떨어진 곳에 있는 섬이지요. 몽생미셸 성은 몽생미셸 섬에 지어진, 중세 유럽의 느낌이 고스란히

전해지는 신비한 모습의 성이에요.

몽생미셸은 유네스코가 선정한 세계 문화유산이에요. 오랫동안 세계의 많은 사람들에게 큰 사랑을 받고 있는데, 매년 3백만 명 이상의 관광객들이 이곳을 방문하고 있다고 하지요.

이 성은 건설될 당시의 봉건 질서를 잘 보여 주는 건축물이에요.

건물의 가장 꼭대기에는 신이 있도록 했고, 그 아래 수도원, 그리고 큰 홀이 배치되고, 그 아래 상점과 주택이 배치되어 있지요. 마지막으로 성벽 바깥의 가장 아랫부분에는 농부와 어부들의 집이 있어요.

이 성이 지어졌던 중세는 계급을 확실히 나누던 시대이기 때문에 건축물에도 신분 제도가 그대로 나타나 있는 거죠. 가장 높은 것이 신, 그다음이 신과 인간의 사이를 이어 주는 신부님들, 그다음이 왕이나 귀족, 그다음이 평민과 천민이었던 시대였기 때문에 이렇게 구역이 나뉜 건축물이 많이 생겨났죠. 중세의 건축물을 보면 당시 사회가 어땠었는지 알 수 있어요.

중세 유럽은 신과 왕, 봉건 귀족으로 대표되는 시대였기 때문에 대표적인 건축물들의 대부분이 교회와 성이지요. 그래서 교회가 어마어마하게 많이 지어졌어요. 유럽에서 중세 초기에는 로마네스크 양식의 교회들이 지어졌고, 1100년대에서 1500년대에 이르면서는 고딕 양식의 교회들이 주로 지어졌어요. 몽생미셸은 독특하게도 한 건축물 안에 성과 교회의 모습을 다 갖추고 있지요.

누구도 침략하지 못하고
누구도 도망갈 수 없었던 몽생미셸

몽생미셸이 어떤 기능을 가지고 있었는지 알아볼까요?

몽생미셸은 해안에서 600m밖에 떨어지지 않은 섬에 있어요. 썰물 때 순례자들이 수도원에 걸어서 들어오기 쉬웠고, 밀물이 되었을 때는 빠른 속도로 물이 차기 때문에 침략자들의 배가 부서지기 쉬운 지형이었다고 해요. 외부의 공격을 쉽게 막을 수 있는 천혜의 요새였던 셈이지요. 이런 특성 때문에 이 성은 수많은 전쟁을 치르면서도 무사할 수 있었지요. 그러나 이렇게 완벽했던 성은 파란만장한 역사를 겪으며 국립 감옥으로 이용되기도 했지요. 루이 11세가 감옥으로 만들었다고 하는데, 성의 구조상 그 어떤 죄수도 도망치지 못했을 것 같아요.

04 요즘 스타일의 건물들은 언제부터 지어졌을까요?

요즘 우리가 흔히 보는 건축물들과 비슷한 건축물들이 나타난 시기는 근대라고 할 수 있어요. 지금부터 만날 근대 시기의 건축물들을 본다면, 앞에서 본 고대와 중세 건축물들과는 너무나 달라서 여러분의 눈이 휘둥그레질 거예요. 모양도 다양하고, 기능도 다양한 전혀 새로운 건축물들이 나타났기 때문이에요.

근대의 건축가들은 예전에는 없었던 재료를 이용하기도 하고, 건물을 위나 옆으로도 늘려 특이한 모양으로 만들기도 했어요. 건축가 개인의 철학을 담은 독특한 건물들이 이때부터 탄생하게 되었지요. 대표적인 근대 건축물은 프랑스의 사보이 주택이에요. 이 건축물을 지은 르 꼬르뷔제는 근대 건축을 새롭게 연 사람이에요.

사보이 주택은 중세 건축물에서 벗어나 근대 건축의 5원칙인 필로티, 옥상 정원, 수평 창, 기둥과 벽의 분리, 자유로운 평면과 입면을 모두 갖추고 있는 건축물이에요. 중세 교회와 비교하면 얼마나 달라졌는지 짐작할 수 있지요.

또 전에는 없던 콘크리트라는 새로운 재료를 이용하여 이전의 돌로 만든

건축물과는 완전히 다른 구조를 보여 주었지요. 겉으로 드러난 느낌도 전과는 확실히 다르죠.

르 꼬르뷔제는 '건축은 살기 위한 기계'라고 했대요. 불필요한 요소를 모두 버리고, 꼭 필요한 것들로만 재료와 기능에 가장 잘 맞는 모양으로 만들어야 한다고 주장한 것이죠. 중세의 화려한 성 같은 모습을 거부한 것이에요.

현대에 들어오면서는 상상력이 풍부한 건축물들이 더 많이 만들어졌어요.

미국의 필라델피아에 가면 대포 모양의 박물관을 만날 수 있어요. 진짜냐고요? 그럼 진짜죠.

반스 박사라는 사람이 엄청나게 많은 유리를 써서 세상에서 가장 아름다운 대포 모양 건축물을 만들었어요. 이 건축물은 아름답기만 한 것이 아니라 박물관의 역할에 가장 잘 맞는 구조로 만들어진 건물이라는 평가를 받고 있어요.

인간의 건축물은 동굴→움집→나무, 돌, 흙, 벽돌로 만든 집→철근, 콘크리트→유리로 만든 집 등으로 변화되어 왔어요. 이런 건축물의 탄생과 진화가 이루어진 가장 큰 원인을 꼽자면, 바로 '도구와 재료의 변화'를 들 수 있지요.

사람들은 처음에는 몸을 보호하기 위해 집을 만들었어요. 그러다 '도구+사람의 기술+과학'이 재료가 된 근대와 현대에 와서는 더 쾌적하고 더 아름다운 건축물을 만드는 것이 사람들의 중요한 목표가 되었어요.

 **대표적인 현대 건축가 안도 다다오의 빛의 교회**

빛의 교회는 세계적인 건축가 안도 다다오의 대표적인 건축물이에요. 빛의 교회는 건축물의 이름처럼 빛과 그림자로 공간을 채워, 다른 건물과 차별된 아름다움을 느끼게 해요. 그러니까 빛과 그림자가 주인공이 된 건축물이지요.

빛의 교회는 서양의 교회들과 달리 아주 현대적인 느낌을 주는 교회에요. 장식이 거의 없고, 오직 노출 콘크리트로 간결한 느낌과 여백만을 살려 오롯이 신에만 집중하도록 하였지요. 건축물 안을 오히려 비워, 그 안에 어떤 정신적인 것이 가득 채워지도록 한 거예요. 그래서 많은 사람들이 이곳에서 평온을 얻는다고 해요.

05 건축사는 어떤 일을 하고, 어떻게 하면 될 수 있나요?

건축사는 건축물을 짓는 모든 과정을 지휘하는 사람이에요. 건축사라고도 하고 건축가라고도 하지요.

건축사는 건축물을 짓기 위해 설계를 하고, 건축물이 지어지는 모든 과정에서 공사 감리를 하는 사람이에요.

설계는 건축물을 어떻게 지을지 미리 계획해 그림으로 그리는 것을 말해요. 설계는 건축물을 함께 짓는 기술자들 사이에 통하는 언어와 같은 것이지요. 그래서 공사 중에는 무엇이든 설계 도면을 가지고 이야기해요.

공사 감리는 설계도가 건축물을 만드는 과정에 정확히 반영되는지를 확인하고, 공사의 품질과 안전 관리 등에 대하여 지도하고 감독하는 것을 말하지요.

그렇다고 건축사 혼자 집을 다 짓는 것은 아니에요. 집은 건축사와 건축에 관련된 수많은 직업의 사람들이 함께 짓는 것이랍니다.

여러분 중에 혹시 건축사가 되고 싶은 사람이 있나요? 만약 건축사가 꿈이라면 나에게 과연 소질이 있는지, 어떻게 해야 건축사가 되는지 무척 궁

금할 거예요.

우선, 머릿속에 있는 생각을 그림으로 표현하는 능력이 뛰어난 사람이면 건축사가 될 가능성이 높아요.

"야호! 그럼 난 일단 합격이다!"라고 좋아하고 있나요?

그런데 아직 좋아하기에는 일러요.

건축사가 되려면 먼저 대학교 건축학과에 들어가 5년 동안 공부하며 전문 지식을 쌓아야 해요. 건축학과는 5년제랍니다.

그런 다음, 3년 동안 실제 건축 일을 배우는 과정을 꼭 거쳐야 하지요. 그 후에 1, 2차 건축사 자격 시험에 합격하여 건축사 사무소를 열겠다고 신고를 해야 비로소 건축사의 업무를 할 수 있어요.

힘들어 보인다고요? 맞아요. 건축사가 되는 길은 다른 어떤 직업보다도 그 과정이 길고 어렵다고 할 수 있어요. 건축은 무척 복잡하고 전문적인 직업이기 때문이고, 무엇보다 사람들의 안전과 관련된 일이기 때문에 공부가 많이 필요하죠.

그러나 건축사를 꿈꾸며 노력하는 사람에게 길은 언제나 열려 있어요. 여러분도 포기하지 말고 쭉 도전하길 바라요.

 건축물을 짓는 데 비용이 얼마나 들까?

건축물을 짓는 비용은 건축물의 주인이 어떤 품격의 건축물을 짓고, 어느 대지에 지으며, 어떤 재료를 사용하고, 어떤 골조로 만들려고 하는지 등에 따라 크게 달라져요.

여기서는 우리의 주변에서 흔히 볼 수 있는 다세대 주택의 예를 들어 건축물을 짓는 비용을 가늠해 볼게요.

다세대 주택은 일반적으로 빌라라고 불리기도 해요. 이 빌라는 제곱미터당 160만 원이며, 평당으로 약 500만 원이라 할 수 있어요. 조금 더 쉽게 얘기해 볼게요. 1층은 주차장이고 2층과 3층이 우리가 살 수 있는 집이라면 약 7억 원 정도가 필요한 것이죠. (160만 원 × 450㎡ ≒ 7억 2천만 원(원/제곱미터))

국토교통부 보도 자료에 따르면 아파트의 건축 비용은 기본형(전용 면적 85㎡, 공급 면적 112㎡(약 33평형))일 때, 공급 면적 3.3㎡(1평)를 기준으로 약 583만 원이 든다고 해요.

06 집짓기 공사 전에 미리 해 두어야 할 일이 있나요?

집을 지을 때 아무 땅이나 사서 레고를 쌓듯이 벽돌부터 올리고 벽을 쌓으면 될까요?

아니에요. 건축물을 지으려면 생각보다 공사 전에 해야 할 일이 많아요. 먼저 건축물을 지을 수 있는 땅부터 사야 하지요. 그런데 우리나라에서는 내 땅이라도 아무 땅에나 건물을 지을 수 없도록 법으로 정해 놓았어요. 건축물을 지을 땅은 반드시 그 땅에 4m 너비의 도로가 붙어 있어야 해요. 이렇게 건축물을 지을 수 있는 땅을 대지라고 해요. 그럼 어떤 대지가 좋은 대지일까요? 집을 지을 땅이니까 이왕이면 햇빛이 잘 들고 바람이 잘 불어 오는 곳이 좋겠죠? 또 학교, 병원, 백화점, 전철역, 버스 정류장 등이 가까우면 정말 좋은 대지가 될 거예요.

대지를 준비했으면 이제 무엇을 해야 할까요? 바로 설계를 해야 하지요. 그런데 설계가 뭘까요?

설계는 건축물을 만들기 전에 계획하는 것이에요. 하물며 장난감 집을 짓는 블록 장난감도 설명서와 조립도가 있는데, 사람이 실제로 사는 집을 짓는

데 설계도가 없다는 건 말도 안 될 일이겠죠?

설계를 하려면 먼저 집을 지을 때 어떠한 건축물을 만들고 싶은지 생각해 봐야 해요. 또 몇 층으로 할지, 어디에 거실을 만들지, 방은 몇 개로 할지, 어디에 계단을 놓을지 등을 하나하나 정한 다음 반드시 건축사에게 설계를 의뢰해야 해요. 건축물의 설계는 전문적인 건축사만 하도록 법으로 정해져 있기 때문이에요.

건축사는 땅의 크기와 기울어진 정도, 이웃 건물의 형태, 그 건축물에 살 사람의 특성을 고려해서 정밀한 설계 도면을 그리지요. 그러니까 용도와 목적에 따라 공간을 잘 배치하고, 어떤 모양으로 만들지, 어디에 무엇을 설치할지를 그림으로 그리는 거예요.

설계 도면은 안전 때문에 반드시 건축사가 그려야 해요. 만약 설계 도면 없이 건축물이 지어진다면 어떻게 될까요? 거실이 너무 커질 수도 있고, 계단을 놓을 자리가 없을 수도 있고, 건축물의 균형이 맞지 않아 무너질 수도 있어요. 공사가 제대로 진행될 수 없을 뿐만 아니라 안전하지 못한 건축물이 만들어질 수도 있으니, 건축사와 설계 도면의 역할은 정말 중요하다고 할 수 있어요.

 건축물의 종류에 따라 대지가 달라질까?

단독 주택, 근린 생활 시설, 공동 주택, 공장 등은 건축물의 종류마다 지을 수 있는 대지가 따로 정해져 있어요. 주택은 주택을 지을 수 있는 대지가 있고 공장은 공장만을 지을 수 있는 대지가 따로 있다는 이야기에요. 그 이유는 쓰임이 같은 건축물끼리 모아 두기 위해서지요. 그래야 서로 조화로운 색채와 외관을 갖게 되고, 쾌적한 환경을 만들 수 있답니다. 그렇게 나눈 대지는 아파트 단지, 공장 단지 등의 이름으로 부르지요. 아는 만큼 보인다고, 여러분이 지금부터 길을 나서면 다양한 단지들이 정말 많이 눈에 들어올 거예요.

 **측량은 대체 왜 할까?**

측량은 땅의 위치와 모양을 측정하여 그림으로 표시하는 기술적인 작업이에요. 땅의 치수를 재서 내 땅의 모양을 정확히 아는 것이지요. 건축물을 짓기 전에 먼저 측량을 통해 건축물의 위치를 분명히 정하는 것은 매우 중요한 일이에요. 측량을 하지 않으면 대지의 길이를 잘못 알고 있어서 집이 삐뚤어질 수 있어요. 또 이웃끼리 서로 자기 땅이라고 우기는 일도 있으니, 다툼을 만들지 않기 위해서라도 미리 측량을 해 두면 좋겠죠?

07 건축물은 어떤 과정을 거쳐 만드나요?

1. 땅 다지기

대지를 정했으면 집을 짓기 전에 먼저 굴삭기와 불도저를 이용하여 땅을 평평하게 하는 게 중요해요. 집의 무게를 감당할 수 있도록 땅을 단단하게 다져야 비로소 건축을 시작할 수 있지요. 이때 건축물을 지을 대지와 그 주변이 비, 바람, 태풍으로 무너질 가능성은 없는지 꼭 확인해야 해요. 그런 위험 요소가 조금이라도 있다면 반드시 추가로 말뚝을 박거나 콘크리트로 땅을 튼튼하게 만드는 등의 작업을 미리 해야 하기 때문이에요.

2. 기초 작업

기초는 집의 가장 아랫부분을 말해요. 땅을 다지고 나면, 집도 이 기초를 만들어야 해요. 땅을 깊게 판 다음, 그 안에 콘크리트를 부어 단단한 바닥을 만들고, 그 위에 철근을 깔아 튼튼한 뼈처럼 만들지요. 철근과 콘크리트로, 무거운 건축물이 올라가도 끄떡없도록 단단한 바닥을 만드는 거예요. 그런 다음, 그 위로 사이사이에 철근을 세워 벽과 기둥 등의 기초를 만들어 주지

요. 이때, 콘크리트는 모래, 자갈, 돌을 부순 것 등의 골재를 혼합해 시멘트에 개어서 사용해요. 먼저 거푸집을 짠 다음, 콘크리트를 부어 굳히면 사람의 뼈처럼 튼튼한 기초가 완성된답니다.

3. 벽, 지붕 작업

우리 몸에 뼈가 없으면 어떻게 될까요? 흐물흐물해서 뒤로 넘어가거나 힘없이 쓰러져 버리겠지요? 건축물도 이 뼈와 같은 벽이 있어야 쓰러지지 않아요. 벽은 기초와 지붕을 하나로 연결하는 역할을 하지요. 벽도 철근과 콘크리트를 이용하여 사람의 뼈처럼 단단한 구조로 만들어요. 철근이 뼈라면 콘크리트는 사람의 피부와 같은 역할을 해요. 그래서 온도의 변화 때문에 늘어나거나 줄어들어도 끊어지지 않도록 철근과 함께 사용하는 거예요. 신기하죠? 먼저 철근을 가로세로로 겹쳐서 깔고, 그 위에 벽처럼 철근으로 세워요. 그리고 철사로 단단히 묶어 콘크리트를 부을 자리인 거푸집을 만들어요. 이 거푸집은 나무나 조립식 패널로 만들지요. 그 다음 이 거푸집 안에 콘크리트를 부어서 굳히면 든든한 벽과 지붕으로 변신하게 된답니다.

 **건축할 때 시간은 얼마나 걸릴까?**

건축 설계와 시공을 하는데 걸리는 시간은 건축물의 용도와 규모에 따라 차이가 있답니다. 단독 주택의 경우 설계는 약 3개월 내외, 시공은 약 6개월 내외로 1년 이내의 건축 기간을 갖지요. 대규모의 건축물은 수년에 걸쳐 건축하지요. 우리나라에서 가장 높은 건축물인 롯데월드 타워는 시공 기간만 6년 이상이 걸렸다고 해요.

 건설과 건축의 차이는 뭘까?

건설(construction)은 구조물, 건축(architecture)은 건축물로 보고 있어요. 건축의 베이스는 설계예요. 소프트웨어로 구분하며, 공간을 디자인하지요. 건축은 이윤 추구보다는 공공성 확보의 성격을 갖고 있어요.

건설의 베이스는 시공이에요. 하드웨어로 구분하며, 창의성이나 예술성보다는 경제성, 안전성을 추구하지요. 그래서 건설의 주체인 건설 회사는 경제적인 건축물을 생산하지요.

08 사람이 살기 위해 건물 안에 꼭 해야 하는 공사가 있나요?

건축물이 벽과 지붕까지 반듯하고 아름답게 다 지어졌더라도 전기, 수도, 문과 창문, 난방 시설이 없으면 그 안에서 사람이 살 수 없어요.

사람이 건물에서 생활하려면 반드시 전기와 수돗물을 사용할 수 있게 공사를 해야 하지요. 또 단열재를 붙이고, 방수 작업도 해야 해요. 이 작업은 마치 건축물에 점퍼를 입히는 것과 같지요.

단열재는 스티로폼 같은 재료를 쓰는데 스티로폼은 스스로 공기층을 안고 있어서 벽에 붙여 주면 더울 때 시원

하게 해 주고, 추울 때 따뜻하게 해 주는 효과가 있어요.

다음으로는 건축물의 눈, 코, 입을 만들어 주는 중요한 작업을 해야 해요. 바로 창문과 문을 만드는 거예요. 창문과 문은 계단의 위치와 높이를 고려해야 해요. 또 거실, 주방, 욕실, 방의 기능에 맞게 달아야 하지요.

그리고 사람이 살려면 집을 따뜻하게 하는 난방 작업을 해야 해요. 우리나라에서는 옛날부터 바닥에 온돌을 깔아 따뜻한 온기가 방 안 구석구석 잘 전해지도록 했어요. 요즘에는 바닥 전체에 파이프를 깔고 그 안에 물을 넣은 다음, 보일러로 그 물을 가열해 순환시켜 방이 따뜻해지게 하는 방식을 쓰고 있어요. 이 역시 온돌과 같은 원리지요!

건축물이 지어지고 나면 예쁜 옷을 입혀야 해요. 엄마가 예쁜 옷을 입고, 화장을 하는 것처럼 건물의 바깥 벽에도 예쁜 색을 입히거나 돌, 나무 등을 붙여 장식하는 작업을 한답니다.

요즘엔 집의 뼈대와 몸체를 짓는 데 사용한 콘크리트가 드러나도록 더 꾸미지 않고 그대로 두기도 해요. 이것을 노출 콘크리트라 하는데 요즘에는 이렇게 콘크리트가 드러나는 것이 더 세련되었다고 생각하지요.

자, 이제 드디어 지붕 작업만 남았네요. 지붕은 눈과 비를 막도록 꼼꼼히 방수 처리를 해야 해요. 그 다음 기와와 같은 지붕 재료를 얹지요.

그리고 잊지 말고 피뢰침을 설치해야 해요. 피뢰침은 번개 치는 날 집 안으로 전기가 통하지 않도록 전기를 땅속으로 흘려보내거든요.

그리고 마지막으로 빗물이 잘 흘러내리도록 물받이를 만들고 햇빛을 조절해 주는 처마까지 만들면 지붕 작업이 끝난답니다. 이제 집의 외관이 완성되었어요!

 설계하는 과정을 알고 싶어요!

건축 설계의 과정은 크게 사전 기획 단계와 기획 및 계획 설계, 기본 설계, 실시 설계 단계로 나뉘어요.

사전 기획 단계에는 현장 조사를 통해 건축이 가능한지 결정하고, 법규와 규모, 용도 등을 분석해요.

기획 및 계획 설계 단계에는 설계 팀을 구성하고 사업성을 검토한 다음 프로그램과 디자인의 방향을 설정하지요.

기본 설계 단계에는 세부 디자인을 결정하여 설계 도서를 작성하고, 실시 설계 단계는 기본 설계의 심화 과정으로 이때에 공사용 도면을 작성해요.

세기의 건축물 1

건축물의 명품, 관광 자원의 원천
호주 시드니 오페라 하우스

- 오스트레일리아 뉴사우스웨일스 주 위치
- 돛대의 모양을 형상화한 건축물
- 1973년 개관(14년 동안 공사)
- 매년 46억 달러 상당의 사회적 자산 가치가 있는 건축
- 2007년 유네스코 세계 문화유산 지정

시드니 오페라 하우스는 호주의 대표적인 상징물이에요. 또 관광의 명소로 너무나 유명하지요. 그래서 죽기 전에 가봐야 할 100대 건축물로 뽑히기도 했답니다.

바다와 어우러지는 **특별한 디자인**의 외관!

시드니 오페라 하우스는 호주의 얼굴로 시드니 관광의 핵심이라고 할 수 있어요. 시드니 오페라 하우스의 관광 수익과 사회적 가치는 일 년에만 46억 달러나 된다고 해요. 이렇게 건축물 하나가 한 도시의 관광 산업을 살리고, 경제 성장의 원동력이 된다는 것은 건축인들에게 정말 희망적인 일이에요!

세계의 사람들이 이 건축물을 사랑하는 이유는 우선 요트의 돛처럼도 보이고 조개껍데기처럼도 보이는 멋진 외관 때문이에요. 여러분이 보기에도 엄청 독특하고 멋있지요? 이 멋진 지붕을 만들기 위해 외부에만 106만 개의 세라믹 타일을 사용했다고 하니 여러분도 그 웅장한 규모를 상상할 수 있을 거예요.

시드니 오페라 하우스가 멋진 것은 주변의 경치와 근사하게 잘 어울리도록 설계되었기 때문이에요. 특히 배경인 바다의 파란 색과 하얀 돛과 조개껍데기 같은 건축물이 너무나 절묘하게 어울려 아름다운 풍광을 연출하고 있어요. 그런데 이런 모양이 멋만 내기 위해 만든 게 아니라고 해요. 이 독특한 모양은 오페라 공연장으로서의 본연의 기능을 다 하고 있답니다.

09 실내 인테리어는 어떻게 하나요?

앞에서 이미 건축물의 외관이 다 지어졌기 때문에 이제 건축이 끝났다고 생각하는 사람이 있을 거예요. 그러나 아직도 많은 작업이 남았답니다. 집의 외관과 수도, 전기, 지붕 등의 공사가 모두 끝나면 집 안을 꾸며야 해요. 집의 내부는 우리가 주로 생활하는 곳이기 때문에 인테리어가 매우 중요하지요.

집의 내부를 꾸미고자 하는 마음은 구석기 시대부터 있어 왔던 것 같아요. 구석기 사람들은 동굴의 벽에 그림을 그렸지요. 시간이 흘러 사람들이 집을 짓고 살면서부터는 벽에 나무, 천, 금속 등의 온갖 재료를 이용해 집 안을 치장했어요. 유럽에서는 옛날부터 뛰어난 기술력으로 그림(프레스코화 등)을 집 안과 교회의 벽에 그리기도 했어요.

우리가 지금 벽지라고 불리는 재료는 산업 혁명 시대에 생겨났어요. 인쇄 기계가 발명되면서 종이에 그림을 인쇄해 집 안에 바르기 시작한 것이지요. 요즘에도 많은 사람들이 벽에 벽지를 붙여 집을 꾸며요. 이것을 도배라고 하지요. 그런데 왜 도배를 할까요? 그건 공간을 쾌적하고, 매력적으로 만들기 위해서지요. 벽지는 색깔, 무늬, 질감에 따라 다른 분위기를 낼 수 있어

요. 최근엔 도배 대신 벽돌, 대리석, 나무를 붙이거나 페인트를 칠해서 실내를 카페처럼 꾸미는 집도 많아졌어요.

이제는 바닥에 신경을 써 볼까요? 방이나 거실 바닥에는 보통 장판지를 깔거나, 나무나 대리석을 얇게 잘라서 붙이지요.

화장실과 목욕탕에는 세면기와 변기, 욕조 등을 설치하고 벽과 바닥에 타일을 붙여요. 그런데 왜 나무나 장판이 아닌 타일을 사용하는 걸까요? 바로 물 때문이에요. 욕실은 물을 사용하는 공간이라 방수 기능이 있는 타일을 붙여야 오랫동안 깨끗하게 사용할 수 있어요.

이제 실내 마감재, 가구, 조명 기구, 커튼 등으로 꾸미는 일이 남았어요. 조명은 어두운 곳을 밝혀 주지만, 공간의 전체적인 이미지를 멋스럽게 만들어 주기도 해요. 간접 조명으로 고급스러운 공간 분위기를 연출하거나, 식탁

조명으로 음식을 더욱 맛있어 보이게 할 수도 있지요.

가구도 인테리어에서 무척 중요해요. 가구는 가볍고 다루기 쉬운 나무를 많이 이용해요. 천연 재료는 사람의 마음을 안정시켜 주지요. 물론 철제나 대리석, 플라스틱도 가구에 많이 사용해요. 실용성이 강조된 가구를 좋아하는 사람들이 있고, 실용성이 떨어져도 인테리어 효과가 있는 아름다운 가구들을 좋아하는 사람들이 있어요. 실용적이면서 아름다운 가구라면 가장 좋겠죠?

이렇게 실내 인테리어의 콘셉트에 맞게 동선, 색채를 고려해 가구와 커튼, 전등까지 설치하면 드디어 건축물이 완성되었다고 말할 수 있지요!

 방은 왜 네모 모양일까?

예전에는 재료에 따라서 방의 모양이 다양했었어요. 석굴과 쉘터, 인디언 텐트, 극지방의 이글루, 사막의 흙집, 몽골의 게르 등이 그렇지요.

그러다 서양의 석재(돌)와 동양의 목재(나무)가 발달하면서 네모난 집이 많이 지어졌답니다. 최근 들어서 철근과 콘크리트를 재료로 쓰면서부터는 네모난 형태의 건축이 주를 이루게 되었지요. 게다가 산업화 이후 가구와 공산품이 대부분 네모로 만들어지는 바람에 네모 방이 가장 합리적이고 효율성이 높은 공간이 될 수밖에 없었어요. 네모난 방은 안정감도 높이면서 공간도 최대한 넓게 사용할 수 있는 장점이 있답니다.

10 건축물을 지을 때 필요한 장비는 무엇인가요?

옛날에는 사람이 직접 집을 지었지만, 요즘은 대부분 장비를 이용해서 건축할 재료들을 나르고, 장비를 이용해서 집을 지어요. 재료들이 너무 무겁기도 하고, 땅을 파거나 높은 곳에 건물을 올리는 등의 작업은 사람의 힘으로는 할 수 없기 때문이에요. 이렇게 사람의 힘으로 할 수 없는 작업을 쉽게 할 수 있도록 돕는 기계를 장비라고 해요. 장비를 제대로 활용하면 공사에 들어가는 돈과 시간을 많이 줄일 수 있고, 공사의 질을 좋게 할 수 있지요.

그럼 장비 중에 몇 가지만 알아볼까요?

먼저 굴삭기에 대해 알아볼게요. 토목, 건축, 건설 현장에서 땅을 파는 작업을 굴삭 작업이라고 하지요. 굴삭기는 땅이나 바위를 파거나, 모래나 흙을 운반하여 쌓는 작업을 할 때 사용해요. 굴삭기로 건물을 부수거나 땅을 정리하는 작업도 하지요. 굴삭기는 우리가 흔히 포클레인이라고 부르는 기계에요.

덤프 트럭은 흙 같은 건축 재료들을 실어나르는 트럭이지요. 적재함을 동력으로 60~70° 기울여서 싣고 온 자재들을 자동으로 내릴 수 있는 트럭이

랍니다.

　로더는 굴삭기로 파낸 흙이나 모래를 덤프 트럭까지 나르는 장비예요. 또 철근이나 목재 같은 자재를 덤프 차량에 운반하여 쌓을 때도 사용하지요. 콘크리트 덤프차는 굳지 않은 상태의 콘크리트를 뒤섞는 장치가 있는 자동차에요. 긴 시간 이동하더라도 콘크리트가 굳지 않도록 운반하는 트럭이지요. 불도저는 흙을 밀어 내어 땅을 다지거나 평평하게 하는 기계에요. 100m 이내의 짧은 거리의 작업에 적당하지요.

　지게차는 차의 앞부분에 두 개의 길쭉한 철판이 달려 있어, 그 부분을 이용해 짐을 싣고 나르는 차예요.

　또 크레인은 무거운 물건을 들어올려 위아래나 옆으로 이동하는 기계이지요.

⁉️ 크레인은 언제부터 사용했을까?

크레인은 약 5,000년 전 고대 이집트에서 피라미드를 만들 당시 운반용으로 사용된 것이 그 시작이라고 알려져 있어요. 처음에는 사람과 동물의 힘을 이용했으나 나중에는 수력을 이용했다고 해요. 그러다 증기 기관이 발달하자 증기를 이용하기도 했지요. 19세기 말 전력을 사용하기 시작하면서부터 지금의 크레인의 모습을 갖추게 되었답니다.

⁉️ 도로에서 공사 중일 때 볼 수 있는 장비는?

이런 장비는 포장 장비라고 해요. 주로 일반 도로, 고속 도로, 비행장 활주로, 기타 각종 도로를 평탄하게 할 때 사용되는 장비예요.

로울러는 무게로 눌러 땅을 단단하게 하기 위해 쓰는 장비지요.

아스팔트 디스트리뷰터는 아스팔트 포장 공사에서 최초에 포장하고자 하는 길 위에 디젤 버너에 의해 발생한 열로 접착제 역할을 하는 액체 상태의 아스팔트를 뿌리는 장비예요.

아스팔트 피니셔는 덤프 트럭에 운반된 여러 가지가 섞인 재료들을 길 위에 일정한 규격과 두께로 깔아 주는 장비예요.

콘크리트 스프레이어는 생콘크리트를 뿌리는 기계랍니다.

11. 집과 인체가 서로 닮은 점이 있을까요?

집은 사람의 필요에 의해서, 사람이 생활할 수 있도록 만들어졌기 때문에, 사람의 인체와 닮은 데가 아주 많아요. 사람에게 나이가 있는 것처럼 건물도 나이가 있어요. 또 건물도 사람처럼 이름이 있지요. 쌍둥이는 있어도 똑같이 생긴 사람은 없는 것처럼 건물도 비슷한 것은 있지만 똑같은 것은 없답니다. 그럼 기능은 무엇이 비슷한지 살펴볼까요?

1. 머리, 머리카락(=지붕) - 열과 비, 자외선을 막아 줘요.
2. 머리카락(=조경) - 머리 스타일에 따라 사람의 이미지가 달라지는 것처럼 조경을 어떻게 하느냐에 따라 건물의 외관이 달라지지요.
3. 얼굴(=건물 외관), 피부(=외벽, 페인트, 벽지, 미장) - 외관은 건물의 얼굴이에요. 외관은 피부처럼 추위, 더위를 막고 보호하지요.
4. 뇌(=기계실) - 뇌처럼 기계실도 건물의 중심이 되는 곳이에요.
5. 근육(=보) - 근육이 뼈대를 감싸서 무게를 분산시키듯, 건물에서는 보가 무게를 분산시키지요.

6. 뼈, 갈비뼈(=철근, 콘크리트) - 콘크리트와 철근은 뼈대예요. 또 갈비뼈가 중요한 장기를 보호하듯 철근과 콘크리트도 건물을 보호해 주지요.

7. 척추(=내력벽, 기둥) - 사람의 위쪽 몸을 떠받쳐 주고 전체적인 중심을 잡아 주는 척추처럼 내력벽과 기둥도 건물의 무게를 지탱해요.

8. 심장(=전기실, 변압기, 물탱크, 난방) - 심장에서 혈액을 온몸에 보내 주듯, 전기실은 건물 곳곳에 전력을 공급해 주고, 변압기는 전기를 조절해 줘요. 또 난방도 심장처럼 온기를 건물 곳곳에 공급하지요.

9. 폐(=환풍기) - 폐처럼 환풍기도 호흡을 하며 환기를 시켜 줘요.

10. 혈관(=복도, 배수관, 전선) - 혈관으로 피가 이동하듯 복도도 각 방으로 통하게 해 줘요. 혈관처럼 배수관도 곳곳에 물이 통하게 해 줘요. 전선도 혈관처럼 전기가 다니는 길이지요.

11. 지방(=단열재) - 몸에 있는 지방처럼 단열재도 보온 효과가 있어요.

12. 요도(=홈통) - 소변이 요도로 나가듯, 빗물은 홈통으로 빠져나가요.

13. 대장(=배관, 배수 시설, 오수관) - 대장이 노폐물을 내보내듯 배관, 배수 시설, 오수관도 건물 내의 노폐물을 밖으로 배출하지요.

14. 항문(=화장실) - 항문이 소화된 찌꺼기를 내보내듯 화장실도 건축물의 오물을 밖으로 내보내지요.

15. 다리(=기둥, 계단) - 다리가 온몸을 지탱하듯 기둥도 건물을 지탱해요. 또 건축물에서 계단은 다리처럼 이동 수단이 되지요.

16. 발, 발바닥(=기초, 에스컬레이터, 슬래브) - 기초와 슬래브는 발과 발바닥처럼 가장 아래에 있고, 건축물의 무게를 견뎌 주지요. 또 에스컬레이터도 다리처럼 이동할 수 있게 해 줘요.

⁉ 건물 옥상을 초록색으로 하는 이유는?

초록색이 눈을 안정시키고, 햇빛을 차단해 주기 때문이에요. 옥상은 주로 방수 처리 기능이 있는 우레탄 재료로 칠하는데, 요즘에는 회색이나 하얀색 제품도 많이 나와 있어요.

12 우리집에서 오감을 느낄 수 있는 공간이 있을까요?

여러분, 오감이 무얼까요?

오감은 시각, 청각, 후각, 미각, 촉각을 말하는 거예요. 우리가 눈, 귀, 코, 입, 손(발)의 다섯 가지 기관으로 느끼는 다섯 가지 감각을 말하는 거지요.

건축물에도 이런 감각 기관이 있다고 해요. 우리집에서 이런 역할을 하는 것들이 어디 있는지 한번 찾아볼까요?

먼저 시각! 건축물에서 눈의 역할을 하는 곳이 있을까요? 눈은 외부에 있는 것을 보지요. 그럼 우리집에서 외부에 있는 것을 보는 곳은? CCTV? 맞아요. CCTV로 외부에 있는 것을 볼 수 있으니 눈과 비슷하지요.

또 눈과 같은 곳이 있을까요? 눈이 눈물을 이용해 먼지를 내보내는 것처럼 환기하는 데에 이용할 수 있고, 사람이 눈을 통해서 외부의 모습을 보듯 집 안에서도 밖을 볼 수 있는 곳은? 창문? 네, 맞아요. 창문도 우리집에서 시각의 기능을 담당하는 곳이지요. 또 인터넷도 눈의 기능을 해요. 외부로부터 정보를 받아들이니까요.

그럼 우리집에서 귀의 역할을 하는 곳을 찾아보세요.

현관 벨이 울릴 때 우리는 인터폰을 이용해 소리를 듣고 누가 집 앞에 와 있는지 알게 되지요? 이렇게 외부에서 들어오는 정보를 들을 수 있는 인터폰이 바로 청각의 기능을 담당하고 있다고 할 수 있어요. 귀처럼 외부에서 정보가 들려오는 통로가 되는 것이지요.

다음은 코의 역할을 하는 곳을 찾아볼까요? 환풍기는 어떤가요? 코로 숨을 들이쉬고 내쉬듯 환풍기는 집 안의 공기를 빼내어 환기를 시켜 주지요. 또 코로 외부의 냄새를 맡는 것처럼 건축물은 환풍기를 통해 공기를 들이마시죠. 이처럼 환풍기도 호흡을 통해 내부와 외부의 공기를 순환시켜 줘요. 또 코는 코털로 여러 가지 불순물을 걸러 낸 다음에 폐로 공기를 보내요. 그러므로 코털의 역할을 하는 것은 공기 청정기라고도 볼 수 있겠지요. 어때요? 재미있죠?

그럼, 우리집에서 입은 어떤 곳과 닮았을까요? 입으로 음식이 나가고

들어오는 것처럼, 입은 사람이 나가고 들어오는 현관문과 닮았어요. 몸에서 입은 출입구 역할을 하지요. 이런 면에서 현관문과 입은 그 기능이 비슷해요.

다음은 우리가 만지거나 디뎌서 느낄 수 있는 손과 발에 해당하는 부분을 집에서 찾아볼게요. 손과 발은 방과 닮았어요. 인체는 중심에서부터 따라가다 보면 손과 발로 이어지고, 집은 중앙에서부터 복도를 따라가면 방과 방으로 이어지지요. 집은 오감을 통해 사람처럼 숨을 쉬고, 관찰하고, 듣고 느끼며 쾌적함을 유지하기 위해 노력해요. 사람의 오감과 집의 오감은 이렇게 공통점이 있답니다. 여러분들도 상상력을 발휘해서 집에서 오감을 느낄 수 있는 곳을 더 찾아보기 바라요.

 **건축이 발전한 과정은?**

건축물은 사람이 외부의 환경인 비, 바람, 동물 등으로부터 자신을 지키려고 만들기 시작했어요. 그러나 점차 여러 가지 재료를 사용하게 되어 아름답고 쾌적한 공간을 만드는 데 공을 들이기 시작했지요. 건축물은 재료에 따라 발전해 왔어요.

처음에는 나무, 짚, 흙 등을 주재료로 한 건축물인 초가집, 너와집 등이 지어졌고요. 점차 도구와 기술이 발달함에 따라 기와집 등이 만들어졌지요. 콘크리트라는 재료가 개발되어 지금 우리가 쉽게 볼 수 있는 콘크리트 건축물이 지어지게 되었어요.

요즘에는 건축물의 모양이 화려해지며 외벽이 유리로 된 건축물도 많이 나타나고 있어요. 그 외에도 첨단 소재의 건축물이 계속해서 지어지고 있답니다.

13. 건축도 사람처럼 생애 주기가 있을까요?

여러분, '라이프 사이클(Life cycle)'이라는 말 들어보셨나요? 우리말로 하면 '생애 주기'라는 말인데요. 사람이라면 대부분 거치는 일생의 과정을 말하지요.

먼저 사람의 생애 주기를 한번 살펴볼까요?

남자와 여자는 서로 사랑에 빠지고 이어 결혼을 해요. 결혼한 부부는 앞으로의 인생을 설계하지요. 곧 임신하면 아이를 소중하게 뱃속에 품으며 어떻게 키울까 고민해요. 그러다가 드디어 아이를 출산하고 아이와 함께 행복한 일상생활을 하지요. 그런데 세월이 흐르면 몸이 아프기 시작해요. 이때 건강 검진이 필요하지요. 병을 발견하면, 치료도 받고, 운동도 하며 건강 관리를 해요. 하지만 사람은 누구나 늙고, 결국 세상을 떠나게 되어 있지요.

그런데 건축도 이런 라이프 사이클(Life cycle)이 있어요. 생명도 없는데 무슨 라이프 사이클이냐고요? 건축가나 그 집에 사는 사람에게 건축물은 생명이 있는 가족이나 다름없어요. 그래서 애정을 들이고, 정성스럽게 관리하지요.

자, 그러면 이제 건축의 생애 주기를 살펴볼까요?

건축의 생애 주기

사람의 생애 주기

　먼저 건축을 하려면 건축 계획을 세워야 해요. 이때 대지를 마련하고, 어떤 건물을 지을지 정하지요. 그리고 설계를 해요. 사람이 인생을 설계하고 자녀 계획을 세우듯이 말이에요. 어떤 구조, 어떤 모양으로 지을지 설계해 자세하게 설계도로 그린답니다. 그런 다음 건물을 짓기 시작해요. 이 단계를 시공이라고 하지요.

　건축물이 다 지어지면 건물 안에서 일상생활을 해요. 건물을 사용하는 것이지요. 그러다가 시간이 흐르면 건물도 사람처럼 아파요. 그러면 전문가가 의사처럼 점검을 통해 고칠 곳이 있는지 알아봐요. 고칠 수 있는 것은 고치고, 페인트도 새로 칠하며 보수를 하지요. 이렇게 유지·관리하면 건물도 오래 사용할 수 있어요. 그러나 너무 오랜 시간이 흐르면 더 이상 건물을 못쓰게 되지요. 이때는 철거를 해요. 건축물도 사람처럼 이 세상을 떠나서 사라지게 되는 거지요. 건축물은 사람과 가장 가까이에 있기 때문에, 사람과 많이 닮아 있어요. 그래서 아끼고 잘 관리하면 그곳에 살고 있는 사람들의 이야기를 담으며, 오랫동안 함께할 수 있답니다.

 ## 옛날 집의 지붕은 왜 삼각형일까?

지붕은 비와 눈, 그리고 햇빛을 막아 주는 역할을 하지요. 그런데 예전에는 지붕을 평평하게 만들면 비나 눈이 너무 많이 쌓여 집이 무너질 수도 있었어요. 그래서 옛날 사람들은 비와 눈이 아래로 잘 흘러내려 가게 하기 위해서 지붕을 삼각형으로 만들었지요. 옛날엔 주택의 크기가 작아서 방도 몇 개 안 되고, 창고나 다용도실 같은 공간도 부족해 다락방이라는 것을 만들어 사용했어요. 주로 삼각형 지붕 안의 세모난 공간을 다락방으로 많이 활용했지요.

요즘에는 건축 기술이 발달해 평평한 지붕도 물이 잘 빠지도록 설계할 수 있게 되었어요. 그래서 요즘에는 평평한 지붕을 많이 만들지요. 튼튼하게 만들기 때문에 눈이 쌓여도 비가 많이 와도 끄떡없어요. 그런데 요즘에도 삼각형 지붕이 제법 보이지요? 그런 집들이 전부 다 옛날 집들일까요?

아니에요. 요즘에 보이는 삼각형 지붕은 물 빠짐을 좋게 하려는 이유보다 예쁘게 만들기 위해 만들어진 것들이에요. 지붕을 삼각형으로 지으면 고풍스러운 느낌이 나거든요.

14 건축물의 재료에는 어떤 것들이 있나요?

건축물을 만드는 재료의 종류는 무척 다양한데요. 요즘에는 화강석, 노출 콘크리트, 적삼목, 벽돌, 유리 등을 주로 사용해요.

화강석은 매우 단단하고 오래 쓸 수 있다는 장점이 있어요. 국내산 제품의 생산량도 많은 편이지요. 국내산 화강석은 대부분 무채색인 회색이에요. 우유색 바탕에 검은색 또는 회색 반점이 들어 있는 화강석도 있지요. 화강석은 웅장한 느낌과 화려한 무늬를 가지고 있어서 포인트 석으로 사용하면 상당히 예쁘지만, 값이 매우 비싸요. 그래서 아파트 저층 외벽에는 화강석이나 대리석을 사용하고, 고층 벽은 페인트로 칠하는 경우가 많아요.

콘크리트는 모래, 자갈 혹은 돌을 간 것 등을 섞어서 시멘트와 함께 물에 반죽해 굳힌 것이에요. 벽이나 기둥 등의 모양으로 거푸집을 짠 다음 그 안에 콘크리트를 부어서 굳히면 사람의 뼈처럼 튼튼한 기둥과 벽이 만들어지지요.

콘크리트는 철근과 같이 많이 사용해요. 철근이 뼈라면 콘크리트는 사람의 피부와 같은 역할을 하여 늘어나거나 줄어들어도 끊어지지 않게 하므로

　주로 두 가지를 함께 사용하지요. 요즘은 건축물의 벽을 노출 콘크리트로 하는 경우가 많아요. 노출 콘크리트는 집의 바깥쪽 벽을 콘크리트로 마무리한 뒤에 페인트를 칠하지 않고 콘크리트의 회색을 살려 그냥 두는 것을 말해요. 시간, 기후의 영향을 받으며 다양하게 변화하는 느낌을 그대로 살리는 것이지요. 그것이 때에 따라 무겁게도, 가볍게도, 거칠게도, 매끄럽게도 느껴져 오히려 세련되어 보인답니다.

　적삼목도 좋은 건축 재료에요. 적삼목은 나무의 한 종류에요. 적삼목은 따로 방부 처리를 하지 않아도 습기, 병충해 등에 강하고, 잘 썩지 않아서 좋아요. 또 냉기, 온기에도 강해 변형이 거의 없어요. 특히 특유의 향이 있고, 친환경 자재라 인체에도 좋지요.

　벽돌은 높은 온도에서 구워 내었기 때문에 고온에도 잘 견디고, 심한 날씨 변화에도 잘 견딜 수 있어요. 벽돌은 무척 단단해서 잘 부서지지 않고 불에도 타지 않아 아주 오랫동안 사용할 수 있지요.

유리는 투명하고 아름다워서 창문과 외벽에 많이 사용되고 있어요. 건물 모양도 옷처럼 유행을 타는데요. 최근에는 고층 건물의 외벽을 유리로 하는 커튼월 공법을 적용하기도 합니다.

옛날에는 흙과 나무를 많이 사용했어요. 지붕에 이엉이나 볏짚, 그리고 나무 껍질 같은 식물성 재료를 사용해 초가집을 만들었지요. 벼에서 쌀을 떼어 내고 남은 줄기를 볏짚이라 하는데, 이것을 꼬아서 이으면 이엉이 되지요. 이 재료들은 오랜 시간을 견디지 못하고, 비도 많이 새서 자주 바꿔 줘야 했어요. 그래서 사람들은 방수 효과가 좋고 단단한 기와를 만들어 쓰게 되었지요.

 지구 밖 건축이 가능할까?

우주의 행성은 지구보다 중력도 약하고 건축물을 시공할 수 있는 환경이 마련되어 있지 않아요. 아직은 지구 밖의 건축이 안 되지만, 우주 행성에 맞는 건축 기술을 도입한다면 가능해질 거예요. 지구에서 건축물을 만들어서 우주 행성으로 운반해 고정할 수도 있겠지요. 하지만, 지구인이 살 수 있는 공기와 물, 그리고 쾌적한 환경이 보장되려면 우주에 대한 연구가 더 필요할 것 같아요. 머지않아 여름 방학에는 달나라에서 피서를 즐기고, 겨울 방학에는 화성을 여행하며 우주 호텔에서 잠을 잘 수 있는 날이 오지 않을까요?

> 세기의 건축물 2

미국 권력의 상징
미국 백악관(화이트 하우스)

- 미국 워싱턴 DC 위치 · 건축가 제임스 호번 설계 · 1800년 완공, 1801년 개장(8년 공사) · 방 수 130개 이상 · 총 4층 · 1812년 전쟁으로 파괴된 후 1814년에 재건축 · 존 애덤스 대통령 첫 입주

백악관(화이트 하우스)은 미국 워싱턴 DC에 위치한 미국 대통령의 공식적인 집이자 사무실이에요. 워싱턴에서 가장 오래된 건물이기도 하지요. 역대 미국 대통령들이 이곳에서 살면서, 일도 하고 외국 사절들을 접견하기도 했지요.

미국 권력을 상징하는 역사 깊은 공공 건물!

백악관의 역사를 살펴볼까요?

백악관은 아일랜드 태생의 건축가 제임스 호번이 설계했고, 1792년에 착공하여, 1800년에 신고전주의 형식으로 완공되었어요. 존 애덤스 미국 대통령이 처음 거주하기 시작해, 미영 전쟁과 남북 전쟁을 거치며 불에 타기도 하고 일부가 무너지기도 했지만 이후

복원되었어요. 루스벨트 대통령은 서측 건물을 증축하였고, 그 뒤, 1945년에 트루먼 대통령이 일부분을 더 손질하였지요. 그리고 존 F. 케네디 대통령 때 마지막 손질을 하여 지금의 백악관이 되었어요.

그런데 백악관은 왜 화이트 하우스라고 불릴까요?

초대 대통령 조지 워싱턴은 도시 계획자인 피에르 랑팡과 함께 대지를 고르는 것을 도왔는데, 조지 워싱턴과 그의 아내 마사 워싱턴은 과거에 살던 자신들의 하얀 집을 본떠서 백악관(white house)이라 불렀다고 해요. 하얀색 건물과 잔디밭, 광장이 잘 어우러져 아름답고 편안한 느낌이라 정부 건물 같지가 않지요.

15. 나무로 지은 대표적인 건축물은 무엇인가요?

우리나라의 옛날 사람들은 주로 나무로 지은 건축물에서 살았어요. 그래서 현재까지 전해지는 문화재는 대부분 목조 건축물이지요.

나무로 만든 대표적인 건축물은 우리나라의 경북 영주에 있는 부석사예요.

부석사는 신라의 삼국 통일 시기인 676년에 신라 문무왕의 왕명을 받아 의상대사가 세운 절이라고 해요. 후에 불에 타서 고려 시대에 다시 지어졌답니다. 부석사 무량수전은 한국에서 현재까지 존재하는 건물 중 두 번째로 오래된 목조 건물이라고 하지요.

우리나라에서 나무로 된 건물 중에서 가장 오래된 것은 봉정사 극락전이에요. 두 건축물 다 수많은 사연과 역사, 전쟁을 거치며 현재까지 남아 주었기에 더 값지게 느껴지지요.

부석사는 주변을 둘러싼 자연 경관의 웅장함뿐만 아니라 지형을 적극적으로 이용했기 때문에 공간 구성이 뛰어나다는 평가를 받고 있지요.

우리나라의 전통적인 건축이라고 하면 이렇게 지형과 기후 환경을 살려 건축물을 배치하여, 최대한 조화롭고 친환경적으로 건축하는 것을 말한답

니다.

　부석사는 산과 나무가 많은 주변 환경과 기후의 특징을 잘 살려 우리나라의 전통 건축을 아름답게 드러내고 있지요.

　부석사는 특히 무량수전이 유명해요. 부석사 무량수전은 아미타여래 불상을 모신, 부석사에서 가장 중요한 건물이에요.

　무량수전의 가장 큰 특징은 아름답고 과학적인 배흘림기둥을 사용했다는 거예요. 배흘림기둥이란 기둥의 전체 길이 중 아랫부분에서 1/3가량의 높이까지 기둥의 두께가 점차로 커지다가 그 위로부터는 서서히 좁아져 항아리와 같은 형태를 가진 기둥을 말해요.

　배흘림기둥이 아름답게 느껴지는 것은 건축물을 안정되게 보이게 하는 과학적인 계산 때문인 것이죠. 무량수전은 배흘림기둥은 물론 기와 지붕, 창문과 벽이 아름답기로 소문나 있답니다. 그래서 국보 제18호로 지정되어 있지요.

　영주 부석사에 꼭 한번 가보세요.

⁉ 유명한 목조 건축물이 더 있을까?

봉정사 극락전도 유명한 나무 건축물이에요. 경북 안동시 서후면 천등산에 있는 봉정사 극락전은 통일 신라 건축 양식을 물려받은 고려 시대의 건물로 그 역사적인 가치가 매우 높지요. 1972년에 극락전을 다시 보수해서 짓기 위하여 완전히 해체했었는데, 그때 건물 안에서 공민왕 12년(1363년)에 다시 공사했다는 기록이 나왔다고 해요. 그래서 봉정사 극락전은 현재 우리나라에 남아 있는 가장 오래된 목조 건물로 알려져 있어요.

봉정사 극락전이 유명한 다른 이유는 그 아름다움 때문이에요. 극락전은 크지도 화려하지도 않지만, 목재를 층층이 쌓아 만든 구조 때문에 한국 건축의 구조적인 아름다움을 잘 보여 주는 건물이라는 평가를 받고 있어요. 특징적인 것은 극락전 양 끝 기둥이 안쪽으로 기울어져 있다는 거예요. 기둥 위에는 커다란 지붕이 자리 잡고 있는데, 사람의 눈높이에서 보면 위쪽으로 퍼져 보이는 느낌이 있지요. 이러한 시각적인 문제점을 바로잡기 위해 위쪽이 약간 들어가 보이는 안쏠림 기법을 사용하였어요. 즉 기둥의 위쪽이 건물 안쪽으로 조금 기울어지게 설치하여 건물 전체가 안정되어 보이도록 한 것이지요.

이제부터 한국의 오래된 건축물을 볼 때, 이런 안쏠림 기법이 사용되었는지 꼭 눈여겨보세요!

16 돌로 지은 대표적인 건축물은 무엇인가요?

돌을 이용해 지은 대표적인 건축물은 무엇일까요? 바로 인도의 타지마할이에요. 인도의 타지마할은 인도 아그라라는 곳에 있어요. 이 궁전은 인도의 옛 나라 무굴 제국 시대의 대표적 건축물로 꼽히지요.

이 건축물은 대리석이라는 돌로 지었어요. 대리석은 석회암이 변성 작용을 거치며 만들어진 돌이에요. 그래서 결정의 질과 무늬가 뚜렷하지요. 대리석은 아주 아름답고 비싸기로 유명해 옛날부터 조각과 건축에 많이 이용해 왔다고 해요.

많은 사람들이 타지마할을 궁전으로 알고 있는데 사실 이 건축물은 궁전이 아니고 무덤이에요.

무슨 소리냐고요? 무굴 제국의 황제 샤 자한은 자신이 전쟁터에 나가 있는 동안 사랑하던 왕비 뭄타즈 마할이 죽자, 전쟁터에서 돌아와 백성들에게 2년 동안 왕비를 추모하는 기간을 갖도록 했어요. 슬픔에 빠져 죽은 왕비를 그리워하며 하루하루를 보내던 왕은 왕비를 영원히 기억할 수 있는 무덤을 만들겠다고 다짐했어요. 그리고 1년 동안 고민해 왕비가 세상에서

가장 아름다운 곳에서 잠들어 있도록 이 궁전을 만들기 시작했어요. 그리고 22년 만에 타지마할을 완성했어요. 타지마할은 결국 왕비의 무덤이었던 것이지요.

황제는 대체 얼마나 왕비를 사랑했기에 이런 궁전을 만들었을까요? 샤 자한은 이 흰색 대리석 돔 형태의 아름다운 건축물이 완성되자 공사에 참여했던 모든 사람의 손목을 잘랐다고 전해요. 타지마할보다 더 아름다운 건축물이 만들어지는 것을 막으려고 그랬다니 정말 잔인한 황제 같아요!

이렇게 완성된 궁전 앞에서 수많은 사람이 마음을 빼앗겼죠. 순백의 대리석은 시간에 따라 빛깔이 달라 보이며, 수많은 보석은 눈이 부시도록 화려한 빛을 뿜어 내지요. 또 건물 정면의 수로와 정원의 그림 같은 풍경과 아름다운 건물은 마치 공중에 떠 있는 듯한 신비함을 주지요. 이렇게 타지마할은 지상 최고의 완벽미를 갖춘 건축물로 인류가 간직할 소중한 보물이랍니다.

 ### 국회의원의 일터, 국회 의사당도 돌로 만들었다고?

서울 여의도에 있는 국회 의사당 본관동은 지하 1층, 지상 7층 크기의 돌로 만든 석조 건물이에요. 우리나라 국회 의사당은 동양에서 가장 큰 의사당이고, 장차 남북통일이 되어 의회 제도가 양원제로 채택되더라도 불편함 없이 사용할 수 있을 정도로 큰 크기라고 하지요. 국회 의사당 지붕 가운데는 야구 모자를 씌워 놓은 것 같은 돔 형태에요. 이렇게 만든 이유는 국민의 의견을 찬반 토론을 거쳐 하나로 모은다는 의미를 나타내기 위해서래요.

 ### 국회 의사당의 기둥마다 의미가 있다고?

기둥의 모양은 경복궁의 경회루의 돌기둥을 본뜬 것이에요. 앞쪽과 뒤쪽에 각 8개씩, 그리고 양 옆쪽에 각 4개 총 24개의 기둥도 각각 의미가 있는데, 태양의 위치에 따라 구분한 입춘, 우수, 경칩, 춘분, 청명 등의 24개의 절기를 나타내는 거예요. 그리고 그중 앞쪽 기둥 8개는 8개의 도를 상징하지요.

59

17 종이로 지은 대표적인 건축물은 무엇인가요?

종이로 만들어진 건축물도 있을까요? 놀랍겠지만 진짜 확실히 있답니다. 정말 책 만드는 그 종이로 만드는 것이 맞냐구요? 네, 맞습니다!

시게루 반이라는 일본인 건축가는 주로 종이로 건물을 짓는답니다. 시게루 반은 어느 날 둘둘 말린 필름 뭉치를 보다가 거기서 힌트를 얻어 종이를 건축 재료로 사용하기 시작했대요.

1995년 일본 고베 지역에서 지진이 발생하자, 시게루 반은 피해자들을 위해 종이로 임시 거처와 종이 교회를 지었다고 해요. 대표적인 작품이 타카토리 쿄카이 교회에요. 바로 그 유명한 종이 교회지요.

그가 만든 집은 만들고 허무는 것이 쉽고, 썼던 재료를 다른 곳으로 가져가 다시 활용할 수 있고 친환경적이라 난민들에게 큰 도움이 되었지요.

이후, 그는 터키의 재난 지역, 르완다의 빈민촌 주택, 쓰나미 사태를 입은 인도네시아 등지로 찾아가 종이 기둥을 활용해서 임시 거처를 만들어 주었어요. 난민을 위한 수용소를 국제 연합에 제안하여 개발하고 시작하여, 1995년 한신 대지진 이후의 가설 주택이나 교회의 집회소를 종이로 만들어 나갔지요.

결국 그 공을 인정받아 건축계의 노벨상이라 할 수 있는 프리츠커상을 받았어요. 정말 상 탈만 하지요?

시게루 반은 이렇게 힘들고 어려운 사람들의 주택 문제에 큰 관심을 가지고 있는 건축가에요. 정말 뜨거운 심장과 따뜻한 마음, 그리고 천재적인 아이디어를 가진 건축가라고 할 수 있어요.

우리나라에서도 한옥에 종이를 사용하기도 했어요. 물론 시게루 반의 건축물처럼 벽이나 기둥에 종이를 사용한 것은 아니에요. 옛날 우리나라에 유리가 귀하다 보니 한옥의 문과 창문에 우리 고유의 종이인 한지를 발라 사용했던 것이지요.

한지는 질기고 보온 효과가 있어요. 그래서 추운 겨울 찬 바람을 막아 주었지요. 또 통풍이 잘되고 햇빛을 부드럽게 통과시켜 주었기 때문에 좋은 건축 재료가 되었던 거예요.

그리고 무엇보다 한지의 은은한 아름다움이 한옥과 절묘하게 조화를 이루지요. 그래서 유리가 흔한 요즘에도 한옥을 지을 때는 나무의 살에 유리 대신 한지를 붙여서 그 아름다움을 한껏 살린답니다.

 일본의 유명한 다른 건축물은?

오사카 성은 히메지 성, 구마모토 성과 함께 일본의 3대 성으로 꼽히는 성이에요. 오사카 성은 섬세한 동양의 성일 거라는 상상과는 다르게 강하게 무장한 것 같은 매력을 풍기는 성이에요. 일본의 성 중에서도 아주 화려한 건축 양식으로 손꼽히지요. 오사카 성은 도요토미 히데요시가 일본 통일을 이룬 후 권력을 과시하기 위해 지은 성이라고 해요. 그래서 전체적인 분위기가 장수가 갑옷을 입고 있는 것처럼 당당하고 무거운 느낌이에요.

도요토미 히데요시가 처음 짓고, 도쿠가와 이에야스의 아들이 다시 지었으나 불에 탔다가, 현대에 들어와 다시 지었다고 하지요. 외형이 목조처럼 보이나 사실 이 건축물은 콘크리트로 지어진 건축물이에요.

일본에 가게 된다면 일본의 3대 성인 히메지 성과 구마모토 성도 함께 둘러보면 더 좋을 것 같아요.

18 금속으로 지은 대표적인 건축물은 무엇인가요?

금속으로 만든 대표적인 건축물은 바로 프랑스의 상징, 그 유명한 에펠탑이에요. 에펠탑은 금속 중에 철로 만들어진 건축물이지요.

에펠탑은 1889년 파리에서 '프랑스 혁명 100주년 기념 세계 박람회'가 열릴 때, 그 박람회의 출입문으로 건축되었어요. 구스타프 에펠이라는 사람이 설계하고 만들었기 때문에 이름이 에펠탑이지요. 에펠탑은 무려 18,038 조각의 건축용 철제와 50만여 개의 연결 못을 가지고 조립해 만들었다고 해요. 엄청 큰 탑으로 그 높이가 무려 300m에 이른다고 하지요.

에펠탑이 처음 지어졌을 때 "철판으로 엮인 역겨운 기둥의 검게 얼룩진 역겨운 그림자를 보게 될 것이다."라며 파리 사람들이 무척 싫어했다고 해요. 에펠탑을 짓는 일에 크게 반대했던 소설가 모파상은 에펠탑이 완성되자 에펠탑이 보기 싫다며 파리의 외부 지역으로 이사했다고 하지요. 이후에 모파상은 어쩔 수 없이 파리에 올 경우에는 꼭 에펠탑 1층 레스토랑에서 식사를 했다고 해요. 이유는 에펠탑 안에 들어가야 유일하게 에펠탑이 안 보였기 때문이었대요. 당시의 분위기를 잘 알 수 있는 유명한 일화이지요. 그 정도로 에펠탑을 싫어하던 사람들이 많았대요. 그러나 반대 여론에도 불구하고 에펠탑은 그대로 남아 무전탑으로 이용되었어요. 그러다 제2차 세계대전 후 55피트의 텔레비전 안테나가 덧붙여져서 텔레비전의 송신탑으로 사용되었지요. 이 탑은 건설 후 약 40년간이나 인공 건조물로서는 세계 최고의 높이였다고 해요.

그렇게 욕을 먹던 에펠탑이었는데, 세월이 흘러 이제는 매년 세계 수백만 명의 사람들이 방문하고 사랑하는 곳이 되었어요. 지금은 프랑스 파리의 랜드마크로 꼽힐 정도지요. 랜드마크는 어느 지역을 대표하는 상징적인 건물을 일컫는 말이에요.

에펠탑 전체를 보려면 사요 궁으로 가면 돼요. 또 저녁에 개선문 꼭대기에 올라가면 에펠탑의 멋진 불빛과 파리 시내의 야경을 함께 볼 수 있답니다.

에펠탑은 너무 커서 에펠탑 앞에서 에펠탑이 제일 안 보인다는 것 잊지 마세요!

 ## 구스타프 에펠이 자유의 여신상도 설계했다고?

구스타프 에펠은 프랑스의 엔지니어로 파리의 공예 학교에서 공부했는데, 주로 철로 만든 다리 설계에 독창적인 능력을 보였다고 해요. 그래서 철을 이용해 포르투갈의 도우로 강가의 대철교(1877년), 남부 프랑스 카라비의 수도교(1880~1884)를 만들어 강철이 아주 좋은 건축 재료라는 것을 증명했지요.

에펠은 프랑스에서 그 실력을 인정받아, 1885년 프랑스에서 미국에 독립 기념 선물로 보낸 『자유의 여신』 상의 구조를 설계하였어요. 그리고 1889년에는 파리 만국박람회에서 유명한 에펠탑을 세웠지요.

 ## 철로 만든 집, 스틸 하우스

나무로 집을 한 채 지으려면 나무가 40~50그루나 필요하다고 해요. 철로 만든 집, 스틸 하우스 한 채를 만들려면 자동차 여섯 대의 고철이 필요하다고 하지요. 스틸 하우스는 나무나 벽돌, 콘크리트 대신 주택의 뼈대를 가벼운 철강재로 만든 주택을 말해요. 스틸 하우스는 가벼워서 다루기 쉽고, 창과 지붕 모양도 원하는 대로 구부려 꾸밀 수 있는 새로운 개념의 건축이지요.

19 벽돌로 지은 대표적인 건축물은 무엇인가요?

우리나라의 서울에 벽돌로 된 유명한 건축물이 있어요. 우리나라의 대표 건축가 김수근이 설계한 경동교회지요.

경동교회의 외부는 창문이 없고, 벽돌로만 만들어져 단순하게도 느껴지지만, 내부는 천장에서 내려오는 빛을 통해 경건함과 신성한 분위기를 나타내기 때문에 무척 특별한 느낌을 주는 건축물이에요.

또 한가지 색의 벽돌로 만든 외관은 보는 사람의 다양한 상상력을 불러일으키지요. 경동교회의 겉모습을 보고 어떤 이는 기도하는 손을 닮았다고 하고, 어떤 사람들은 횃불 혹은 첨탑을 옆으로 본 모습을 닮았다고도 하거든요. 보면 볼수록 정말 아름답고 훌륭한 예술품이 아닐 수 없지요. 건축물이 이렇게 내면과 영혼의 세계를 표현할 수 있다니 놀라운 것 같아요.

명동성당도 벽돌로 지은 건축물이에요. 명동성당은 천주교 서울대교구의 대표 성당으로, 한국 최초의 본당이자 한국 천주교를 대표하는 대성당이에요. 조선 시대에는 명동성당 주변이 명례방에 속해 있었다고 해요. 명례방은 천주교가 우리나라에 들어온 이후 신도들의 신앙 공동체가 만들어졌던

곳이고, 이승훈이 세례를 주었던 곳이지요. 또 1830년 이후에는 선교사들의 비밀 선교 활동의 중심지로, 1845년에 김대건 신부가 활동하던 곳이기도 했어요. 명동성당은 이처럼 우리나라 천주교의 중심 역할을 해 온 곳에 지어졌답니다. 명동성당은 코스트 신부님이 설계하고 파리 선교회의 돈을 지원받아 지어졌다고 해요.

명동성당은 우리나라 최초의 벽돌로 지은 교회로 순수한 고딕 구조로 지어졌지요. 여기에 들어간 벽돌은 모두 우리나라에서 만들었는데 벽돌 모양이 20여 가지나 다르게 만들어졌고, 색깔도 붉은색과 흰색 두 종류를 썼다니 예술적으로 무척 신경 써서 만들었다는 것을 알 수 있어요. 그래서 보기에도 조화롭고 아름다운 것 같아요.

명동성당은 대한민국 최초의 고딕 양식 성당이라는 의미가 있어요. 고딕 양식은 중세 시대 말에 유럽에서 유행한 건축 양식이에요. 고딕 양식은 건물 위에 하늘을 향해 뾰족하게 높이 솟은 첨탑들이 많은 것이 특징이에요. 하늘에 있는 신께 더 높이 닿으려는 사람들의 마음을 담은 것이라고 하니 왜 저렇게 뾰족하게 만들었는지 이해가 되지요? 그래서 교회와 수도원에서 유독 고딕 양식을 많이 볼 수 있는 거예요.

 ### 성당에서 결혼식을 한다고?

결혼을 하기로 결정한 천주교 신자는 반드시 성당에서 혼인 성사를 받아야 해요. 또 신자가 아니라도 성당이 예쁘기 때문에 성당에서의 결혼식을 꿈꾸는 사람들이 많이 있다고 해요.

 ### 명동성당은 어디에 있지?

서울 명동역에서 내리면 걸어서 갈 수 있는 거리에 있어요. 서울 명동 거리를 구경하고 난 다음, 성당 건물의 멋스러움을 보기 위해 일부러 찾아 가는 관광객들도 꽤 있다고 해요.

20 유리로 지은 대표적인 건축물은 무엇인가요?

건축물의 대부분을 유리로 지은 건축물이 있을까요? 네, 있어요. 여러분이 잘 아는 아주 유명한 건축물이지요. 프랑스 파리, 루브르 박물관 중앙 광장에 가면 유리로 된 피라미드 모양 건축물이 있어요.

바로 이것이 유리를 재료로 만든 세계적인 건축물, 루브르의 유리 피라미드이지요.

세계 3대 박물관 중 하나인 루브르 박물관을 모르는 사람은 없을 거예요. 이 박물관은 원래는 루브르 궁전이었는데 박물관으로 쓰임새를 바꾸면서 여러 가지 문제에 부딪히게 되었어요.

근처의 여러 궁전 건물들이 다 하나의 박물관으로 이어지도록 해야 했고, 좁은 공간을 활용해야 한다는 문제가 있었지요.

이 업무를 맡았던 건축가 이오 밍 페이는 오랜 고민 끝에 유리 피라미드라는 형태를 생각해 내었어요.

궁전과 궁전 사이의 넓은 중앙 광장을 깊게 파내어 지하에 휴게실과 여러 시설을 위한 공간을 만들고, 빛이 잘 들어오도록 유리로 덮어 여러 궁전이

하나로 이어지게 한 것이지요. 그러니까 박물관의 부속 건물들을 하나로 통합하기 위해 유리 피라미드를 제작해 연결한 거예요.

이 유리 피라미드는 많은 문제를 동시에 해결해 주었지요. 외부의 큰 유리 피라미드는 입구 역할을 하는 동시에 지하 공간의 빛이 잘 들어오게 하였기 때문이에요. 심지어 아름답기까지 했지요.

궁전들을 하나로 만들어야 한다는 것을 극복하기 위한 과학적인 아이디어였는데, 만들고 보니 세상에 둘도 없는 아름다운 모양의 건축물이 되었던 것이죠.

루브르 박물관 한가운데에 있는 이 유리 건축물도 에펠탑처럼 처음에는 주변과 잘 어울리지 않는다며 비난을 많이 받았다고 해요.

그런데 지금은 역시 루브르 하면 누구나 제일 먼저 떠올리는 상징적인 건물이 되었지요.

유리 피라미드는 햇빛에 반짝이는 모습도 아름답지만, 밤에 보는 야경도 정말 멋있다고 하니 꼭 한 번 가 보세요.

 유리 건물이 '빛 공해'라고?

외벽 전체가 유리로 된 건물에서 발생하는 반사광 때문에 건축물 근처의 주민들이 어지럼증과 시력 저하 등 피해를 호소하는 사례들도 생겨나고 있어요. 요즘은 세련된 인테리어를 이유로 외벽이 전면 유리로 설계된 건물을 많이 짓고 있는데, 반사광 문제에 대해서는 기술적인 보완이 필요할 것 같아요.

 춤추는 건물이 있다고?

체코 프라하의 가장 중심지에는 시선을 붙잡는 유리 건물이 있어요. 네덜란드 은행 건물로 남녀가 춤추는 모습을 본따 만들어서 댄싱 빌딩이라고 불리지요. 이 건축물은 구겐하임을 건축한 프랭크 게리의 작품으로 유명하지요. 고전적인 프라하의 풍경들과 달라서 눈에 확 띄는 이 건축물은 세계 10대 아름다운 건축물로 꼽히기도 했답니다. 댄싱 빌딩은 프랭크 게리가 항공기와 공업 디자인에 사용되는 카티아 소프트웨어를 사용한 첫 번째 건축물이라고 해요. 건축물의 위로 튀어나온 형태는 도로를 넓히기 위해 줄어든 건축 부지를 실용적으로 이용하려는 방법의 하나였다고 하네요.

21 콘크리트로 지은 대표적인 건축물은 무엇인가요?

여러분, 콘크리트라는 말 많이 들어 보셨죠? 콘크리트는 시멘트와 물, 모래, 자갈들을 적당한 비율로 섞어 반죽한 것을 말해요. 그런데 이런 콘크리트는 언제부터 사용되었을까요?

그 시작은 로마 시대라고 추측하고 있어요. 로마 시대에 화산회와 석회석을 써서 집을 만들었다는 기록이 남아 있거든요. 지금과 같은 모습의 콘크리트는 19세기 초에야 만들어졌다고 해요. 포틀랜드 시멘트라는 것이 발명된 후, 1867년에 프랑스에서 철망으로 보강된 콘크리트가 최초로 만들어졌지요. 그 후 독일을 중심으로 철근 콘크리트가 개발되어 현재까지 여러 공사에 쓰이고 있는 거예요.

이런 콘크리트를 이용해 만든 대표적인 건축물은 로마 가톨릭 성당인 스페인의 사그라다 파밀리아 성당이에요. 유명한 건축가 안토니오 가우디의 작품이지요. 그런데 여기서 잠깐! 사그라다 파밀리아 성당은 아직도 지어지고 있다는데 그게 정말 사실일까요?

맞아요. 이 성당은 스페인 바르셀로나에 아직도 지어지고 있는 성당이지요. 가우디는 이 성당을 설계하고, 1882년부터 직접 건축을 하기 시작했어요. 가우디는 이 건축에 자신의 전부를 걸 정도로 열심히 지었는데요. 불행히도 마무리를 못 하고 죽게 되었지요. 가우디가 죽자, 건축할 돈이 부족해서 계속 건축이 늦어지게 되었어요. 건축 초기에는 개인의 기부로 건설되다가 현재는 여행객의 입장료로 받는 돈으로 계속 만들어지고 있어요.

원래 주재료는 돌인데, 1953년 건축을 다시 시작하였을 때 돌이 부족하여 그 뒤에는 인조 돌과 함께 콘크리트를 사용하고 있다고 해요. 1883년부터 시작된 건축이 130년이 지난 지금도 진행 중인 거죠! 무척 안타까운 것 같아요. 그래도 가우디의 열정만은 사람들에게 전해졌는지 이 성당은 미완성인 모습 그대로 수많은 세계인들에게 사랑을 듬뿍 받고 있어요. 2026년 완공을 목표로 하고 있다니 우리 함께 완성된 모습을 기대해 봐요.

또 어떤 건축물들이 콘크리트로 지어졌을까요? 앞에서 소개한 적이 있는 근대 건축물인 사보이 주택도 콘크리트를 사용해서 지은 대표적인 건축물이에요. 근대 이후에는 콘크리트로 지은 건축물들이 상당히 많아요. 우리가 쉽게 볼 수 있는 아파트나 거리의 빌딩 등 현대의 많은 건축물들이 대부분 콘크리트로 지어지고 있답니다.

 ## 스페인의 다른 유명한 건축물은?

스페인에는 유명한 건축물이 많지만 그중 한 가지만 소개할게요. 바로 유럽 안의 이슬람이라 불리는 알람브라 궁전이에요. 스페인의 그라나다에 위치한 알람브라는 이슬람 건축물이에요. 알람브라는 에스파냐에 이슬람 왕조가 들어섰을 당시 지어져서, 여러 번 늘리고 다시 지어졌어요. 알람브라는 그리스도교도의 손으로 넘어간 뒤에도 잘 보존되었다고 해요. 알람브라는 처음에는 군사 요새로 지어졌지만, 나중에 궁전으로 사용되었어요. 이후 몇 세기가 지나고 나폴레옹의 군대가 궁전들을 병영으로 사용하여, 탑의 일부를 파괴했다고 해요.

이 건축물은 이렇게 가슴 아픈 역사를 거치며 여러 용도로 사용되었고, 중간중간에 다양한 건축 양식이 섞이게 되었지요. 이곳에 가면 '알람브라 궁전의 추억'이라는 음악을 꼭 들어 보세요!

> 세기의 건축물 3

뉴욕의 상징
미국 엠파이어스테이트 빌딩

- 미국 뉴욕 주 뉴욕 위치 • 높이 381.6m • 층수 102층 • 창문 6,514개 • 엘리베이터 73대 • 1930년 3월 17일 공사 시작, 1931년 5월 1일 완공 • 건물을 짓는 데 걸린 시간 13.5개월 • 미국 일반 주택의 1,700배 크기

하루에 1개 층을 뚝딱 만들어 내는 것은 현재의 첨단 기술로도 엄청 어려운 일이에요. 그런데 이 엠파이어스테이트 빌딩은 85년 전에 하루에 1층씩 만들어졌다고 해요. 믿어지나요? 또 유명한 게 있어요. 1945년 비행기가 79층을 들이받았는데, 그때 비행기는 완파되었지만, 빌딩은 무너지지 않았다는 거죠. 얼마나 튼튼한지 알겠죠? 이런 유명세로 엠파이어스테이트 빌딩은 연간 400만 명이 찾는 관광 명소가 되었어요.

세상에서 가장 위대한 도시 뉴욕을 한 눈에!

약 100년 전 미국이 고도의 경제 성장을 이루던 시기에 기업들은 경쟁적으로 세계에서 가장 높은 빌딩을 짓기 시작했지요. 그런 분위기를 타고 초고층 빌딩계의 선구자, 엠파이어스테이트 빌딩이 생겨났답니다.

이 빌딩을 지을 때, 하루에 3,500명의 노동자가 투입되기도 했다지요. 이 빌딩을 짓는 것은 전쟁과도 같았다고 해요. 이렇게 큰 규모를 짓기 위해 기존에 없던 여러 가지 혁신적인 건축 기술이 총동원되었어요. 그 당시는 80층까지 엘리베이터가 운행된 적이 없어서, 돌과 같이 무거운 건축 재료들은 건물에 철로를 만들어 운반하기까지 했답니다.

이 빌딩에서 가장 유명한 야외 전망대 86층은 뉴욕 시내를 360도로 볼 수 있어요. 센트럴 파크, 허드슨 강, 브루클린 다리, 타임스퀘어, 자유의 여신상 등을 모두 볼 수 있는 거죠. 또 102층 최상층 전망대에서는 맑은 날에는 120km 너머까지 볼 수 있답니다.

22 한국에는 어떤 건축가들이 있나요?

　1970년대 우리나라에 건축 예술이 활발해지도록 길을 열었던 건축가가 있어요. 바로 경동교회를 지은 건축가 김수근이지요. 김수근은 외국에서도 유명했는데요. 타임지는 1977년 5월 김수근을 '서울의 로렌초'라며 세계에 소개했어요. 로렌초는 이탈리아 르네상스 시대에 피렌체를 중심으로 문화 예술 운동을 도와 주고 이끈 메디치라는 귀족 가문의 사람이에요.

　김수근은 우리나라가 가난하고 어지러웠던 1970년대에 예술 운동을 일으켰어요. 그 당시는 아직 우리나라에는 건축은 물론이고 다른 예술 운동도 활발하지 않았을 때였어요. 1976년, 그는 '공간'이라는 건축물을 짓고 그 안에 소극장과 갤러리를 만들어 우리나라의 문화 예술에 생명을 불어넣으며 젊은 예술가들을 격려해 나갔어요.

　김수근 역시 가난한 건축가였지만, 다른 분야의 예술가들을 돕고 그들이 창작할 수 있는 활동 공간을 빌려 주며 우리나라의 문화 예술을 키웠기 때문에 '서울의 로렌초'라고 불리게 된 것이지요.

　이런 그의 노력 끝에 그의 제자들도 훌륭한 건축가들로 성장해 이름을 남기게 되었답니다. 건축가 김수근의 제자로는 건축가 승효상이 유명해요. 승효상의 대표적인 건축물로는 '웰컴 시티'가 있지요. '웰컴 시티'는 서울 장충동에 있어요. 건축을 공부하는 사람들이라면 꼭 가보는 곳이니, 미래의 건축 꿈나무라면 꼭 가 봐야겠죠? 외부 촬영은 되지만 내부 촬영은 금지니까 인증 사진은 꼭 외부에서 찍도록 하세요.

건물은 밖에서 보면 별다른 장식이 없는 노출 콘크리트로 만든 기초 위에 직사각형 건물 네 개가 올라가 있는 모양이에요. 특이한 것은 네 개의 건물 사이의 공간을 비워 뒷동네에서도 앞의 전망이 가려지지 않도록 해, 이웃을 위해 마음을 썼다는 것이에요.

승효상 건축가가 이렇게 사람들과 나누는 것, 이기적이지 않은 건축물을 만드는 것에 철학을 갖고 있기 때문에 이런 건축물이 만들어진 거예요.

정기용이라는 건축가도 건축을 통해 나눔을 실천했어요.

정기용은 '건축가는 건물을 설계하는 사람이 아니라 삶을 설계하는 사람'이라고 말했다고 해요. 정기용은 여러 사람들이 어울려 살아가는 공간을 많이 만들었어요. 이런 것을 공공 건축이라고 하지요.

그는 주로 도시보다는 농촌의 면사무소와 공설 운동장, 군청 등을 지었고, '기적의 도서관 프로젝트'에 참여하여 전국에 어린이 도서관을 지었어요.

그는 건축을 나눔의 도구로 사용했기 때문에, 자신의 집은 짓지 않고, 평생을 세 들어 살았다고 해요.

이런 사람들이 지은 건축물에는 건축가의 마음씨와 철학이 들어 있지요. 여러분들은 어떤 마음씨를 드러내는 건물을 짓고 싶나요?

집을 짓는 봉사 단체가 있다고?

해비타트는 집이 없거나, 열악한 집에서 살고 있는 사람들에게 집을 지어 주는 봉사 단체에요. 1976년 미국의 변호사 밀러드 풀러 부부에 의해 세워졌으며 전 세계 95개 나라에 퍼져 있지요. 누구나 집 짓는 일에 참여하여 봉사할 수 있으니 여러분도 함께 참여해 보세요. 한국 해비타트(www.habitat.or.kr)

 ## 벌집 모양의 건축물이 있다고?

서울 강남역에 가면 독특한 모양의 빵빵이 건물이 제일 먼저 눈에 들어올 거예요. 바로 이 건축물이 건축가 김인철이 지은 어반 하이브에요. 그런데 어반 하이브가 무슨 뜻일까요? 힌트~ 벌집 같은 모양!

맞아요. 어반 하이브는 바로 '도시의 벌집'이라는 뜻이에요. 건물에 빵빵 뚫려 있는 이 원은 지름이 1m이고 그 수가 무려 3,800여 개나 된다고 해요. 벌집 모양의 이 외관은 보기에 멋지라고 만든 것만은 아니에요. 물론 특이하고 예쁘기도 하지만, 이 벌집 외관이 기둥과 보를 따로 세우지 않아도 될 만큼 강한 구조로 되어 있어서 바람이나 지진을 다 이길 수 있게 한대요.

23 조선 시대의 대표적인 건축물은 무엇인가요?

조선 시대를 대표하는 건축물로는 일단 숭례문을 들 수 있어요.

숭례문은 조선 시대 서울을 둘러쌌던 성곽의 정문이에요. 숭례문의 별명은 남대문이에요. 남대문을 정식 이름으로 알고 있는 사람이 많은데, 남대문은 사실 궁궐의 남쪽에 있는 문이라고 해서 붙여진 별명이고 정확한 이름은 숭례문이 맞습니다.

숭례문은 조선을 건국한 태조가 왕이 되고 5년이 되던 해에 짓기 시작하여 2년 후에 완성했어요. 숭례문은 한양의 자존심이자 정신이라고 할 수 있어요. 대한민국 국보 1호로 지정되어 있기도 하지요.

숭례문은 앞면에서 볼 때는 사다리꼴 모양이에요. 이러한 지붕을 우진각 지붕이라고 해요. 이 건축물에서 또 특이한 것은 가운데에 글을 써서 걸어 둔 나무 현판이 세로로 쓰여 있다는 거예요.

숭례문은 2008년에 한 노인이 불을 질러서 일부가 타버리는 끔찍한 일을 겪게 되었어요. 2013년까지 복원 공사가 이어져 다시 숭례문의 모습을 찾았지요. 그러나 복원한 것이기 때문에 국보 1호의 자격이 없다고 주장하는

사람들도 더러 있었지요. 그래도 다행히 석축과 홍예문, 1층의 대부분은 불에 타지 않았기 때문에 국보의 자격을 계속해서 지킬 수 있게 되었지요.

다음은 세계에서 가장 아름다운 궁궐, 창덕궁을 소개할게요.

서울에는 조선의 5대 궁궐, 경복궁, 덕수궁, 창덕궁, 경희궁, 창경궁이 있는데 창덕궁은 그중의 하나에요.

창덕궁은 태종 5년에 별궁으로 만들어졌지요. 그런데 별궁이 무얼까요? 왕이 사시면서 나라를 다스리던 정궁 말고, 왕과 왕실의 가족들이 별장처럼 사용하던 다른 궁을 별궁이라고 해요. 정궁이 불타거나 수리할 때에 이용하는 궁이지요. 그런데 별궁이었던 창덕궁을 여러 왕들이 정궁보다 아끼고 사랑했다고 해요.

처음에는 정궁인 경복궁에서 주로 정치를 하고 백성을 돌보았기 때문에 별궁인 창덕궁을 많이 이용하지는 않았어요. 그러다 임진왜란으로 경복궁과 창덕궁이 불타버렸을 때 창덕궁이 제일 먼저 다시 지어지면서, 창덕궁이 조선 왕조의 가장 중심이 되는 정궁의 역할을 하게 되었지요.

창덕궁은 자연을 잘 살린 정원이 특히 매우 아름다워서 유네스코 세계 문화유산으로 지정되기도 했어요.

 우리나라의 대표적인 근대 건축물은?

우리나라 대표적인 근대 건축물 중 하나를 꼽으라면 정동교회를 꼽을 수 있지요. 정동교회는 성당이 아니라 우리나라 최초의 개신교 교회당이에요. 정동교회가 있는 정동길은 미국 문화가 우리나라에 처음 들어온 곳으로 미국 공사관, 이화여고, 배재학당 등이 가까운 근대의 중심지랍니다. 이 주변으로 유서 깊은 근대 문화유산이 많이 남아있지요.

이 교회는 여러 가지로 '한국 최초' 기록을 많이 보유하고 있어요.

정동교회는 우리나라 최초의 빅토리아 양식의 건축물이에요. 빅토리아 양식은 영국 빅토리아 여왕 때에 유행한 양식을 말하는 거예요. 주로 붉은 벽돌을 사용한 1층 건물로 간단하면서도 엄격한 분위기가 흐르는 게 특징이지요.

정동교회는 원래는 위에서 볼 때 십자가 모양이었으나, 1926년 다시 지을 때 양쪽 날개 부분을 더 넓혀서 현재의 네모난 모양으로 바꿨다고 해요. 돌을 다듬어 반듯하게 쌓은 아랫부분은 조선 시대의 나무 건축의 솜씨가 배어 있고, 곳곳에 위쪽이 둥근 창을 낸 단순한 서양 고딕 양식의 모습을 하고 있어요. 우리나라의 건축 역사에 귀한 연구 가치가 있는 특별한 건축물이지요.

24. 우리나라에서 최고로 과학적인 건축물은 무엇인가요?

우리나라 건축 과학이 녹아든 최고 걸작으로 석굴암을 빼놓을 수 없겠지요?

석굴암은 신라 경덕왕 10년에 김대성이라는 사람이 짓기 시작하여 혜공왕 10년에 완성되었다고 해요. 다 짓는 데 23년이나 걸린 셈이지요. 석굴암이 처음 만들어졌을 때의 이름은 석불사였대요.

석굴암 안의 석굴(돌로 된 굴)은 당시의 건축, 수학, 종교, 예술, 기후와 물을 다루는 과학 등을 총동원해 지었다고 할 정도로 우리나라 과학과 예술의 최고봉이라 할 수 있어요. 그래서 석굴은 국보 제24호로 지정되어 나라에서 관리하고 있으며, 석굴암은 1995년 12월 불국사와 함께 유네스코 세계 문화유산으로도 지정되었지요.

석굴암은 문화재로 보호하기 위해, 1976년부터 유리벽으로 막아 밖에서 보도록 하고 있어요. 자연을 배경으로 만들어진 석굴암이 천 년이 넘는 세월 동안 유지될 수 있었던 비결은 석굴암 스스로 온도와 습도를 일정하게 유지해 온 것에 있다고 해요.

석굴암은 바닥으로 지하수가 흐르도록 설계되었는데, 지하수는 바닥 온도를 낮게 유지해 주어 불상 표면에 이슬이 맺히는 현상을 막아 주는 역할을 한대요. 또 주변에 두꺼운 자갈층이 있어서 석굴 안의 뜨거운 공기가 이 자갈층 사이를 지나면서 차가워지기 때문에 온도와 습도가 일정하게 유지된다고 해요. 이러한 과학적인 설계로 천 년이 넘는 세월 동안 잘 보존될 수 있었던 거지요. 정말 신비하죠? 그 시절에 이렇게 과학적으로 아름답고 정교한 건축물을 만들었다니 정말 놀라운 것 같아요.

석굴암이 처음 지어지던 시기에 신라를 다스리던 경덕왕은 신라의 불교 예술을 엄청나게 꽃피운 왕으로 유명해요. 석굴암, 불국사, 다보탑, 삼층 석탑, 황룡사 종 등 감탄을 자아내는 많은 문화재가 이때 만들어졌지요.

⁉️ 우리나라의 다른 세계 문화유산을 소개한다면?

경주 토함산에 있는 불국사도 세계 문화유산으로 지정되었어요. 신라 시대의 대표적인 건축물인 불국사는 조선 시대에 이르러 임진왜란을 맞아 대부분의 건축물이 불타게 되었어요. 그래도 극락전, 자하문, 범영루 등의 일부 건물들은 그 명맥을 이어 왔고, 1969년에서 1973년에 걸친 발굴 조사 후에는 많은 부분들이 복원되어 현재의 모습을 갖추게 되었어요.

불국사 안에 통일 신라 시대에 만들어진 다보탑과, 석가탑으로 불리는 3층 석탑이 있는데 이들도 무척 아름답지요. 그리고 자하문으로 오르는 청운교, 백운교, 극락전으로 오르는 연화교, 칠보교도 엄청 아름다워서 국보로 지정되어 보존되고 있지요.

우리나라에 세계 문화유산으로 지정된 다른 곳은 창덕궁, 종묘, 남한산성, 화성, 백제 역사 유적 지구, 제주 화산섬과 용암 동굴, 조선 왕릉, 고창·화순·강화 고인돌 유적, 해인사 장경판전, 경주 역사 유적 지구, 하회마을, 양동마을이 있어요.

25 세계에서 가장 길이가 긴 건축물은 무엇인가요?

세상에서 가장 긴 건축물은 무엇일까요?

힌트! 모습이 줄자 같기도 하고, 용의 모습을 닮기도 한 건축물은?

바로 만리장성이지요. 만리장성은 달에서도 보이는 유일한 건축물이라고 해요. 실제로 중국의 만리장성은 사람이 만든 세계 모든 건축물 가운데 가장 큰 규모라고 하지요. 높고 험한 산은 물론이고 사막까지 이어진 거대한 만리장성은 현재 동쪽 산하이관에서 중국 서쪽 간쑤 성 자위관이라는 곳까지 보존되어 있다고 해요.

만리장성 건축은 기원전 215년 진시황제 때부터 시작했다고 전하는데, 구체적으로 언제 공사를 시작해 언제 끝났는지는 정확하게 알려지지 않았어요. 만리장성에 관한 기록이 저마다 다르기 때문이에요.

그건 아마도 만리장성이 계속해서 고치고 덧붙여가며 지어졌기 때문일 거예요. 만리장성은 중국 역대 왕조들이 북방 민족의 침입을 막기 위해서 계속 다음 황제, 그 다음 황제가 계속해 쭉 이어서 세운 방어용 성벽이에요. 그래서 공사 기간, 동원된 인원 수, 건축 기술에 대해 수많은 사연이 전해지

고 있지만 정확하게 알려진 것은 별로 없지요.

만리장성은 그 길이가 2,700km이라고 해요. 중간에 갈라져 나온 가지들까지 합치면 총 길이가 약 5,000~6,000km에 이른다고 하지요.

그냥 들으면 짐작이 안 갈 것 같아서 쉽게 설명하면 서울에서 부산까지 8번을 왕복해야 하는 거리라고 하네요. 어때요? 정말 어마어마하죠?

만리장성은 매우 큰 건축물이라서 한 번에 다 둘러보는 것은 불가능해요. 마음을 굳게 먹고 한 번에 모두 둘러보겠다고 결심한다 해도 다른 교통수단을 이용할 수 없어서 걸어서 다녀야 하기 때문에 최소 2~3년은 잡아야 다 둘러볼 수 있다고 하네요. 만약 짧게 만리장성 쪽으로 여행을 떠난다면 바다링이라는 곳으로 가면 좋을 것 같아요. 바다링이 만리장성을 보기에 가장 좋은 장소라고 하거든요. 바다링 망루에 올라 주변을 살펴보면 만리장성이 어떤 모양을 하고 있는지 비교적 잘 볼 수 있다고 하네요.

바다링에서는 말과 군사들이 신속하게 이동했다는 성벽 위 도로도 볼 수 있다고 해요. 만리장성은 원래 길이 평평하고 넓어 마차가 다닐 수 있었다고 전해요. 그러나 중간중간 계단이 있어 마차가 지났다는 게 신기하게 생각되지요.

최근 중국이 만리장성 바다링 밑에 세계에서 가장 깊고, 또 최대 규모인 고속철 역사를 건설한다고 발표했어요. 만리장성 바로 밑에 짓는 고속철 역사와 고속철이 세계 문화유산인 만리장성을 훼손시킬 거라며 걱정하는 사람들도 있지요.

 **세계에서 가장 오래된 건축물은?**

터키의 동남 아나톨리아 지역의 해발 760m 언덕 정상에, 지름 300m 규모로 만들어진 '괴베클리 테페'는 기원전 약 9500년인 신석기 시대에 건설된 것으로 추정되고 있어요. 200여 개의 T자형 기둥들이 20여 개의 원을 이루고 있는데 각 기둥의 높이는 5~6m, 무게는 10~20톤이라고 해요. 그런데 이렇게 어마어마한 건축 재료를 어떻게 저 높은 정상까지 옮길 수 있었을까요? 아마 유적지의 인근 100m 부근에서 돌도끼 등을 이용하여 재료를 다듬은 다음에 옮겨 오지 않았을까 추측하고 있어요. 이곳의 용도는 정확히 밝혀지지 않았지만, 구조물 일부에 있는 상형 문자와 독수리, 뱀, 전갈, 거미, 사자, 들소, 여우, 돼지 등의 동물 모양이 조각된 것으로 보아 제사를 드리던 장소로 추측하고 있답니다.

26 세계에서 가장 높은 건축물은 무엇인가요?

세계에서 가장 높은 건축물은 무엇일까요?

그건 바로 두바이의 부르즈 할리파라는 건물이에요. 이 건물의 높이는 에베레스트 산의 약 1/10 정도 높이라고 해요. 정말 그 높이가 어마어마하지 않나요? 부르즈 할리파는 아랍에미리트의 두바이라는 도시에 건설된 건축물로 높이가 829.84m나 된다고 해요.

부르즈 할리파의 겉모습은 사막의 꽃을 나타내고 있는데, 현재의 기술에 이슬람 건축 양식을 결합해 지은 건축물이에요. 특별히 사막의 강한 바람과 지진에 견딜 수 있도록 나선형 모양으로 설계되었답니다.

시행사는 두바이의 에마르이고, 한국의 삼성 물산이 시공사로 참여하여 3일에 1층씩 올리는 엄청 빠른 속도와 최첨단 건축 기술로 세계의 눈길을 끌었지요. 정말 우리나라 건설사 대단한 능력이 있는 것 같아요.

'부르즈 할리파'의 '부르즈'는 아랍어로 '탑'이라는 뜻이며, '할리파'는 아랍에미리트의 대통령인 '할리파 빈 자이드 알나하얀'에서 딴 거라고 해요. 여러분들도 커서 영향력 있는 사람이 되어서 여러분 이름을 딴 건축물이 많

이 생기면 좋을 것 같아요. 그러면 진짜 자랑스럽겠죠?

　세계의 여러 도시는 지금도 경쟁적으로 초고층 건물을 건축하고 있어요. 사우디아라비아 리야드에 공사 중인 제다 타워는 높이 1,007m로 2019년 완공되면 부르즈 할리파를 제치고 세계 최고층 높이를 갱신하게 될 거라고 해요.

　그런데 우리나라에서 제일 높은 건축물은 무엇일까요?

　바로 롯데월드 타워에요. 롯데월드 타워를 보면 마천루라는 말이 생각나요. 마천루는 하늘에 닿은 집이라는 말이지요. 이 롯데월드 몰과 롯데월드 타워는 축구장의 12배 크기라고 해요. 높이는 무려 123층인데, 우리나라에서는 가장 높은 건물, 세계에서는 6위의 초고층 건물이지요. 정말 대단하지요? 롯데월드 타워는 2016년 말에 완성될 예정이고, 주변부의 3개 동은

2014년 10월에 완성되어 이미 공개되어 있어요.

또 삼성동 현대차 그룹의 글로벌 비즈니스 센터(GBC)가 지어지고 있는데 2021년 완공 예정이에요. 지상 105층, 지하 6층의 건물로 지어지면 우리나라에서 2번째로 높고 세계에서 20번째로 높은 빌딩이 될 거예요.

 **세계 10대 최고층 빌딩 순위는?**

1위 아랍에미리트 두바이, '부르즈 할리파'
    (829m · 163층)
2위 사우디아라비아, '메카 로열 클락 타워 호텔'
    (601m · 95층)
3위 타이완, '타이베이 101'(509m · 101층)
4위 중국, '상하이 월드 파이낸셜 센터(SWFC)'
    (492m · 101층)
5위 홍콩 카오룽 스테이션 지구(유니언스퀘어 지구),
    '국제 상업 센터(ICC)'(484m · 108층)
6위 말레이시아 쿠알라룸푸르, '페트로나스 트윈 타
    워'(452m · 88층)
7위 중국 난징, '그린랜드 파이낸셜 콤플렉스'(450m · 89층)
8위 미국 시카고, '윌리스(시어즈) 타워'(443m · 110층)
9위 중국 광저우, '국제 금융 센터(WFC)'(437.5m · 103층)
10위 미국 시카고, '트럼프 타워'(423m · 92층)

타이베이 101

27 세계에서 가장 넓은 건축물과 가장 좁은 건축물은 무엇인가요?

　세계에서 가장 넓은 건축물은 독일에 있는 에어리움이라는 건축물이에요. 에어리움은 독일 브란덴부르크에 있는데, 원래는 비행기 격납고로 만들어진 건축물이라고 해요. 격납고는 자동차를 차고에 주차하듯 비행기를 보관하기 위해 만든 집이지요. 비행기가 여러 대 들어가야 하니 정말 엄청난 크기겠죠? 예전에는 비행기 격납고로 사용되었지만, 현재는 거대한 온실로 만들어 활용하고 있어요. 세상에서 제일 큰 온실이 생긴 셈이죠.

　에어리움은 520만 제곱미터 넓이에, 107m 높이를 자랑하고 있어요. 기둥이 없는 하나의 공간으로서는 세계에서 가장 거대한 규모라고 해요. 그래서 그냥 보면 한눈에 다 보이지가 않지요.

　그렇다면 세계에서 가장 작은 건축물은 무엇일까요? 이것도 궁금하죠?

　바로 폴란드의 바르샤바에 있는 크렛 하우스라는 건축물이에요. 크렛 하우스는 건물과 건물 사이의 틈새를 이용하여 지은 세상에서 가장 날씬한 집이에요. 이 집은 사실 너무나 작아서 건축법상의 주택 범위에도 들어가지 않아 설치 미술로 분류되었다고 해요.

　이 집은 폴란드의 현대 예술 재단과 바르샤바 시가 공동 기금을 마련해 지은 집이라고 해요. 크렛 하우스는 폭이 겨우 1.5m밖에 안 된다고 해요. 여러분이 누우면 거의 머리와 발끝이 양 벽에 닿을 거예요. 그런데도 그 안에 침실, 주방, 화장실까지 모두 갖춰져 있다니 놀라운 것 같아요. 세상에 이렇게 작은 집이 있다니 정말 신기하죠? 사실, 이 집은 폴란드의 주택 공급 부족으로 집이 부족한 상황을 비판하기 위해 지어진 건축물이라고 합니다. 작은 집이지만 큰 의미를 담고 있는 집이지요. 우리나라에도 이런 작은 집들이 유행하고 있어요. 이런 주택을 협소 주택이라 부르지요. 요즘 들어 작은 땅, 적은 비용을 이용해 자신만의 세련된 집을 갖고 싶어하는 젊은 사람들 사이에서 조금씩 퍼져 나가고 있답니다.

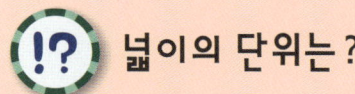 넓이의 단위는?

건축에서 넓이의 중요성은 두말하면 잔소리! 그래서 꼭 알아 두어야 할 무게의 단위를 조사해서 정리해 보았어요. 넓이의 단위에는 [㎠(제곱센티미터)], [㎡(제곱미터)], [㎢(제곱킬로미터)] 등이 있어요. 건축에서는 [㎡(제곱미터)]를 사용하지요. [1㎠]를 100번 곱하면 [1㎡]이고, [1㎡]를 1000번 곱하면 [㎢]에요.

그 밖에 넓이 단위에는 [a(아아르)], [ft²(제곱피트)], [yd²(제곱야드)], [평(坪)] 등이 있어요.

 협소 주택의 장단점은?

협소 주택의 장점은 싼 가격에 자기만의 집에서 산다는 만족감을 누릴 수 있다는 것이에요. 아파트에 살면 생길 여러 가지 불편함(층간 소음 등)을 겪지 않아도 되니까요. 쓸모 없는 작은 땅을 싸게 사서 지을 수 있는 있다는 것도 장점이지요.

단점으로는 아파트처럼 관리해 주는 사람이 없어서 불편하다는 것, 좁기 때문에 위로 층을 많이 올려야 해서 이동하기가 좀 불편하다는 것 등을 들 수 있어요.

28 세계에서 가장 높은 곳에 위치한 건축물은 무엇인가요?

마추픽추라고 혹시 들어 본 적이 있나요? 안데스 산맥 밀림을 뚫고, 해발 2,400m 바위산 꼭대기 마추픽추에 가면 세계에서 가장 높은 곳에 지어진 건축물들을 만날 수 있지요. 신비의 공중 도시, 마추픽추는 현대까지 남아 있는 고대 잉카 제국의 옛 도시랍니다. 잉카족들이 살았던 마지막 도시이죠. 그래서 건축학적으로도, 고고학적으로도 엄청 중요한 문화유산이자 페루의 상징으로 불리고 있어요.

마추픽추는 1911년 미국 예일 대학에서 라틴 아메리카 역사를 가르치던 하이럼 빙엄이 남미를 탐험하는 도중에 우연히 발견했어요. 그전까지는 수풀에 가려져 있어서 어느 누구도 이런 공중 도시가 있는지 전혀 몰랐다고 해요. 그래서 마추픽추가 발견되었을 때 세계가 정말 깜짝 놀랐지요.

1만 명이나 되는 잉카인들이 살던 도시 마추픽추는 발견 당시 폐허가 되어 있었어요. 스페인 군대가 쳐들어왔을 때 잉카인들은 더욱 깊숙이 숨기 위해 처녀들과 노인들을 마추픽추의 한쪽 묘지에 묻어 버리고 제2의 잉카 제국을 찾아 어디론가 사라져 버렸다고 전해요. 그리하여 마추픽추는 영원

한 수수께끼로 남게 되었지요.

　잉카인들은 20톤이나 나가는 돌을 바위산에서 잘라 내 수십 km 떨어진 산 위로 옮겨 신전과 집을 지었다고 해요. 완벽에 가까울 정도로 빈틈없이 돌을 쌓은 그들의 기술은 현대의 사람들을 깜짝 놀라게 했지요. 가장 큰 돌은 높이 8.53m, 무게 361톤까지 나갔다고 하니 잉카인들의 돌을 다루는 기술이 얼마나 발달했는지 알 수 있지요.

　또 잉카인들은 구리를 쇠만큼 단단하게 만들어 썼는데, 어떻게 그럴 수 있었는지 지금도 의문이 풀리지 않고 있지요. 이렇게 문화의 수준이 높았던 잉카 제국은 스페인 군대에 의해 허망하게 무너지고 말았어요.

　마추픽추를 누가, 언제 건설하였는지, 어떤 사람들이 어떻게 살았으며, 왜 사라지게 되었는지 전혀 기록된 바가 없어요. 이 공중 도시의 흔적만이 유일한 단서이지요. 마치 만화나 전설 속에 나오는 신비로운 이야기 같지요?

마추픽추는 신에게 제사를 지내던 곳과 궁전을 중심으로 잉카인들이 살았던 주택과 농사를 지었던 계단식의 경작지 등으로 이루어져 있어요. 정말 산꼭대기에 이런 굉장한 도시가 펼쳐져 있을 거라고는 상상조차 할 수 없을 정도로 큰 크기지요. 여러분들도 고대 태양의 도시, 마추픽추를 일생에 꼭 한 번 만나보세요!

 마추픽추가 공중 도시라고 불린 까닭은?

마추픽추는 산꼭대기에 건설되었기 때문에 구름이 산허리에 걸려 있을 때가 많아, 산 아래에선 이 도시가 전혀 보이지 않는다고 해요. 그래서 오직 공중에서만 존재를 확인할 수 있다 하여 '공중 도시'라고 불렀어요. 페루는 수도 리마를 제외하고 대부분의 도시가 이렇게 안데스 산맥 고원 지대에 자리를 잡고 있지요.

 가장 낮은 건축물, 지하는 언제부터 만들어 왔을까?

지하는 땅 밑의 공간으로, 아주 오래전부터 사용해 왔다고 알려져 있어요. 지하의 기원은 동물들이 먹다 남은 음식을 자신의 보금자리 바닥(땅)을 파 굴을 만들어 음식을 저장하는 것을 사람들이 보고 따라 하며 좀 더 크고 쾌적하게 만들게 된 것을 그 시작으로 보고 있어요. 요즘에는 땅속의 역할이 엄청 발전되어 지하 상가, 지하도, 지하철처럼 규모도 커지고 그 종류와 이용 방법도 다양해졌지요.

29 세계에서 가장 무거운 건축물은 무엇인가요?

건축물도 무게가 있어요. 건축물마다 무겁고 가벼운 정도가 다 다르기 때문이에요. 그럼 세상에서 가장 무거운 건축물은 무엇일까요?

바로 피라미드에요. 피라미드는 고대 이집트 왕족의 무덤으로 알려져 있지요. 이집트의 피라미드는 평균 2.5톤의 돌 약 250만 개를 쌓아올린 모습으로 총 무게는 600만 톤으로 추측하고 있어요.

피라미드의 무게가 600만 톤이라는 것은 어른 코끼리의 100만 배에 해당하는 무게라고 해요. 코끼리가 100만 마리라니! 엄청나죠?

속이 비어 있는 요즘 건축물과는 달리 피라미드는 거대한 속이 모두 돌로 가득 채워져 있으니 무거운 것은 어쩌면 당연한 건지도 몰라요.

그렇게 4,800년의 기간 동안 무게와 세월을 견디며 옛 모습 그대로 보존되었다는 것은 정말 위대한 일인 것 같아요. 사실 이 건축물은 존재하는 것 자체가 큰 충격 아닐까요?

그런데 대체 그 옛날에 사람들은 크고 무거운 돌들을 어떻게 옮기고 높게 쌓았을까요? 요즘 사람들은 피라미드 옆으로 흙을 쌓아 올려 비탈길을 만들어 돌을 운반했을 거라고 그저 추측하고 있을 뿐이에요. 또 고대 이집트인들이 어떤 도구를 이용하여 피라미드를 건설하였는지도 의문이 풀리지 않는 부분이에요. 이런 피라미드를 향한 여러 가지 풀리지 않는 질문들 때문에, 카이로에서 남서쪽으로 13km 떨어진 기자에 있는 이집트 4대 왕조 쿠푸왕의 피라미드는 세계 7대 불가사의로 꼽히고 있지요.

그리스의 역사가 헤로도토스에 의하면, 쿠푸왕은 이 피라미드를 쌓기 위하여 10만 명을 매년 3개월씩 10년간 동원하여, 나일 강에서 큰 돌들을 가져오는 엄청나게 큰 길을 만들었다고 해요. 또 같은 수의 일꾼을 매년 3개월씩 12년간 일하게 하여 피라미드를 만들었다고 하지요.

이런 노력으로 만들어진 피라미드의 형태는 사각뿔 모양인데, 이 모양이 가장 단순하면서도 고도로 발달한 아름다운 형태라고 해요.

 공중에도 건축이 가능할까요?

건축물이 지형, 지면에 닿아 있지 않다면 지을 수도 지탱할 수도 없답니다. 돌산의 암벽 옆의 건축물이라던가, 바위 위의 건축물들이 공중에 떠 있는 것처럼 보이지만 모두 지면에 닿아 있는 것들입니다.

우리나라 송도에는 트라이볼이라는 팽이 모양의 건축물이 있는데, 멀리서 보면 공중에 떠 있는 것처럼 보이기도 한답니다. 그러나 역시 아래가 닿아 있지요.

미래에는 아마 공중 자연을 활용한 바위 위의 건물, 돌산 위의 건물, 나무 위의 건물이 만들어질 거예요.

 세계 7대 불가사의는?

고대 7대 불가사의는 B.C 330년 경 알렉산더 대왕의 동방 원정 이후 그리스인 여행자들에게 관광 대상이 된 7가지 건축물을 가리키는 말이에요.

이집트 기자에 있는 쿠푸왕의 피라미드, 메소포타미아 바빌론의 공중 정원, 올림피아의 제우스 상, 에페소스의 아르테미스 신전, 할리카르나소스의 마우솔로스 능묘, 로도스의 크로이소스 대거상, 알렉산드리아에 있는 파로스 등대를 말해요.

세기의 건축물 4
고대 건축의 꽃
그리스 파르테논 신전

- 그리스 아테네 아크로폴리스 위치
- 건축가 익티노스, 조각가 페이디아스, 건축가 칼리크라테스 건립
- B.C 447년 기공, B.C 432년 완성
- 도리스 양식
- 동서 약 69m, 남북 약 25m
- 교회, 회교 사원, 무기고로 사용
- 유네스코 세계 문화유산 1호 지정

파르테논 신전은 고대 아테네의 수호자로 여겨지던 아테나 여신에게 바친 그리스 신전이에요. 아테네의 아크로폴리스가 델로스 동맹의 중심지가 되고, 아테네가 당대 문화 중심지가 되었던 기원전 5세기에 세워졌지요.

현재 존재하는 고대 그리스 건축물 가운데 가장 중요하며, 도리스식 기둥 양식 발전의 정점을 이룬 것으로 평가받고 있어요. 특히 신전의 장식 조각이 그리스 예술의 정수로 여겨지지요. 파르테논 신전은 고대 그리스와 아테네 민주정의 오랜 상징이자 세계적으로 위대한 기념물로 인정받고 있어요. 현재 그리스 문화부에서 복원과 개축에 관한 계획을 시행하고 있지요.

아테나 여신에게 바치는 그리스 고대 신전!

파르테논 신전의 건축은 조각가 페이디아스가 총감독과 조각 장식을 맡았다고 해요. 건축가인 익티노스와 칼리크라테스가 기원전 447년에 작업에 착수하여, 기원전 432년에 사실상 완공되었으나 장식 작업은 기원전 431년까지 이어졌다고 하지요. 파르테논에 관한 일부 재정 기록이 남아 있는데, 펜텔리코스 산에서 캐 온 대리석을 아크로폴리스로 운반하는 데 단일 항목으로 가장 많은 비용이 들었다고 하지요.

30 정육면체 모양으로 된 건축물이 있나요?

건축은 사실 도형의 세계에요. 건축물도 커다란 입체 도형이기 때문이지요. 세계의 건축물들은 모두 다양한 도형으로 만들어져 있어요. 여러 가지 건축물의 형태를 알아보는 작업을 함께 하며 여러분들도 미래의 집을 어떤 도형으로 만들지 한번 생각해 보았으면 좋겠어요.

그런데 제목의 질문처럼 정말 큐브처럼 된 건축물이 있을까요?

네, 있어요. 네덜란드 로테르담에 가면 마치 퍼즐이나 큐브를 연상시키는 귀여운 큐브 하우스가 있답니다. 정육면체 큐브가 40개 정도 모여 큐브 숲을 이루는 그 이름도 유명한 '큐브 하우스'이지요.

여러분 중에 큐브 매니아가 있다면 꼭 가 보세요. 분명 반할 거예요. 큐브 하우스는 건축가 피트 블롬이 1970년대에 만든 실험적인 작품이에요.

건축물 위에 큐브가 얹어진 모양을 하고 있는데 각 큐브마다 독립된 3층 아파트이고 사방으로 창문이 나 있지요. 큐브마다 각각 3층으로 나뉘는데 삼각을 이루는 아래층에는 음식을 만들고 살림을 하는 공간이 있고, 중간층에는 침실과 욕실, 제일 꼭대기 층에는 손님을 위한 침실과 생활을 하는 공

간이 있어요. 보기에만 예쁜 게 아니고 속도 꽤 알찬 거죠.

큐브 하우스는 54도 기울어진 정육면체의 형태에요. 밖에서 보았을 때 기울어져 보이기 때문에 실내도 기울어졌을 거라고 생각하는데 실제로는 그렇지는 않다고 해요.

건축가 피트 블롬은 각각의 정육면체 집을 나무라고 생각하고, 이 건물 전체를 '추상적인 숲'이라고 했다고 해요. 건축가의 독특한 아이디어와 상상이 특별한 건축물을 만들어 낸 것 같아요.

블롬은 포스트모더니즘 건축가에요. 블롬은 암스테르담 건축 아카데미에서 알도 반 아이크에게 건축을 배웠어요.

포스트모더니즘 건축은, 1960년대까지 유행하던 엄격한 사각형 형태의 건물에 대한 반발로 나온 운동이에요. 비슷비슷한 건물들을 만들어 내는 데 반대한 것이지요. 포스트모던 건축에서 중요한 것은 직선과 사각형 등의 고정된 틀을 벗어나는 것이었지요. 그 결과 삼각형과 원 등 다양한 모양들의 건물들이 탄생했어요.

블롬은 이러한 경향을 받아들여 자신만의 특이하고 유머러스한 건축물들을 만들어 내었던 것이지요. 이러한 블롬의 생각에 따라 만들어진 큐브 하우스는 하나의 사람들에게 진기한 구경거리가 되었지요. 큐브 하우스에는 언제든지 관람객들이 구경할 수 있도록 쇼 하우스가 마련되어 있다고 해요.

자, 여러분이 건축가라면 어떤 모양의 건축물을 만들고 싶나요?

 북한에도 특별한 도형 모양의 건축물이 있을까?

북한 평양시에 삼각뿔의 비행기나 우주선 같은 모양의 건축물이 있다면 믿을 수 있겠어요? 그런데 있어요. 바로 유경 호텔이지요. 유경 호텔은 피라미드 형태로 건축된 북한 최대 규모의 호텔이에요. 애초에 3,000여 개의 객실과 7개의 회전 레스토랑이 있는, 세계에서 제일 큰 호텔로 계획되었으나 재료비가 부족해지면서 15년 넘게 미완성으로 남아 있던 불운의 건축물이지요. 1987년에 프랑스와 함께 공사를 시작했지만, 1990년 공사비 문제로 프랑스 회사와 기술자들이 떠나면서 건축이 중단되었다가 최근에야 공사를 마친 것으로 알려져 있어요.

모든 건물이 딱딱한 모양으로 정해져 있을 것 같은 북한에, 이런 삼각뿔의 비행기 모습의 특이한 건물이 있다니 조금 신기하지요?

31 공 모양으로 된 건축물이 있나요?

"축구공처럼 무늬가 있는 공 모양의 건축물은 없지 않을까?"

"세상에는 별별 신기한 형태의 건축물들이 많으니까 혹시 어딘가에는 하나쯤 있을지도 모르지?"

그런데 진짜로 영국에 가면 축구공 모양의 건축물이 있어요! 영국의 에덴 프로젝트라는 건축물이에요. 가서 보면 정말 깜짝 놀랄 거예요. 원형 건물은 있을 거라고 생각했겠지만, 육각형 무늬까지 있는 축구공 모양의 건물이 있다는 게 상상이 가지 않을 거예요.

1993년 영국 정부는 복권 사업단을 설립했어요. 이 기관은 좋은 영향을 미칠 수 있는 건축 프로젝트에 돈을 투자하기로 결정했지요. 복권 사업단은 에덴 프로젝트에 투자하기로 결정했어요. 영국 콘월의 더 이상 사용되지 않는 고령토 웅덩이에 큰 생물 실험실을 만들겠다는 것이 바로 에덴 프로젝트였는데 여기에 큰돈을 지원받게 된 것이지요.

에덴 프로젝트는 자연주의자 탐 스밋과 지역 건축가 조나단 볼의 독창적인 계획에 따라, 유명한 하이테크 건축가인 니콜라스 그림쇼 경의 설계로

진행되었어요.

에덴 프로젝트는 투명한 플라스틱으로 만들어진 여러 개의 축구공 모양의 건물로 이루어져 있어요.

여러 가지 기후 조건에 따라 만들어진 '바이옴'이라는 동글동글한 축구공 모양의 돔 안에서 세계 각국에서 온 약 5,000여 종의 식물이 키워지고 있지요. 각 바이옴은 다양한 기후의 자연환경을 갖추도록 만들어졌고, 항상 최고의 상태를 유지하도록 첨단 기술을 사용해 만들어졌어요.

바이옴은 금속으로 만들어진 축구공 모양의 틀 위에 세 겹의 특수한 투명 물질로 덮었어요. 이 비닐 같은 물질은 자외선을 투과시키며 자동 세척 기능까지 있어요. 재활용이 가능한 재료라서 최소 30년 이상 사용할 수 있지요.

그중 습한 열대 바이옴은 세상에서 가장 큰 온실로, 런던 타워 또는 이층 버스 열두 대를 쌓아 올린 높이까지도 덮을 수 있을 정도의 구조물이라고 하지요.

이곳은 놀라운 규모와 기술적 업적을 동시에 감상할 수 있는 곳이에요.

또 이전에 황무지였던 곳이 어떻게 지구의 모든 식물이 모여 있는 생명의 장소로 바뀔 수 있는지 놀라움을 느낄 수 있는 곳이지요. 그런 의미에서 에덴 프로젝트 건물은 꼭 한 번 방문할 가치가 있지요.

 ### 완벽한 구형 건물이 없는 이유는 뭘까?

건축물은 반드시 고정되어야 해요. 그런데 공의 바닥 면적은 거의 점에 가까워서 고정이 어려워 굴러가거나 쉽게 무너질 위험이 있어요. 또 구형 건축물을 만들면 실내 공간이 부족하고, 실외에는 불필요한 공간도 생기게 되지요. 그래서 비효율적인 구형 건물은 만들지 않는 거예요. 집이나 학교의 실내가 대부분 네모로 만들어지는 것도 공간의 활용도가 가장 높기 때문이죠.

 ### 건축물이 지반에 고정되어 있어야 하는 이유는 뭘까?

지반은 땅의 단단한 바닥을 말해요. 고층 건물이나 주택이 지반에 고정되어 있지 않다면 조금의 충격에도 쉽게 기울어지거나 무너질 수 있어서 엄청 불안하겠죠? 건축물은 의식주를 해결하고 자연 재해를 피하기 위해서 만들어진 것이므로 건축물을 안전하게 유지하기 위해서는 반드시 땅에 고정시켜야 해요.

32 원뿔 모양으로 된 건축물이 있나요?

혹시 오이처럼 길쭉한 원뿔 모양의 건축물도 있을까요?

네, 있습니다. 바로 영국의 거킨 빌딩이에요. 거킨 빌딩은 세계적인 건축가 노먼 포스터에 의해서 설계된 건축물이에요. 오이처럼 기다란 원뿔 모양으로 생긴 이 빌딩은 높이가 무려 180m에 달하는 41층 빌딩이지요.

거킨 빌딩은 영국 런던 더 시티에 있는 스위스 리 보험 회사의 본사 건물이에요. 2001년 3월에 공사를 시작하여, 2003년 12월에 완공되었지요. 원래 건물 이름은 건물이 있는 거리 이름을 그대로 사용한 세인트 메리 액스예요. 그러나 건물 모양이 오이지(거킨)와 닮았다고 하여 거킨 빌딩이라는 별명으로 불리기 시작한 것이지요.

여러분들이 실제로 본다면 로켓이나 총알을 닮았다고 생각할지도 몰라요. 오이 모양의 원뿔을 닮은 거킨 빌딩은 진짜 세상 어디에도 없을 만큼 특별한 디자인의 건물이지요. 수많은 빌딩 사이에서도 단연 눈에 띌 정도로 독특한 외관을 자랑하고 있어요.

이 오이지 건물의 외벽은 총 5,500장의 유리로 되어 있어요. 또 하나의 특징은 환경 문제를 생각해 설계한 대표적인 녹색 건물이라는 거예요. 일단 날씨에 따라 블라인드와 창문을 자동으로 조절하도록 설계되었고요. 자연 그대로의 햇빛

을 최대한 이용하고, 환기도 자연풍을 이용하게 되어 있지요. 또한, 건물 전체에 자연적으로 공기를 순환시키고 열효율을 높여 냉·난방비를 40% 가량 줄였다고 해요. 긴 오이지 모양으로 주변 건물에 햇빛을 가리지 않게 한 것도 착한 빌딩으로서의 장점이라 볼 수 있어요.

처음 이 건물이 지어졌을 때 사람들의 반응은 극과 극으로 갈렸다고 해요. 이런 모양의 건물을 처음 본 사람들은 이상하다고 생각하며 많이 충격을 받았던 것 같아요. 주변 환경과의 조화도 좋지 않았으니까요. 그러나 기존의 사각형 건물에서 벗어나 새로운 형태의 건물을 선보였다는 점에서 높은 점수를 주는 사람들이 훨씬 더 많았어요. 거킨 빌딩은 무엇보다 친환경적인 설계로 에너지 절약을 크게 이뤄 낸 녹색 건물이라는 것 때문에 칭찬받기 시작했고, 현재는 사람들이 사랑하는 영국의 랜드마크가 되었지요.

 원뿔을 거꾸로 놓은 것 같은 건축물도 있을까?

유걸이라는 우리나라 건축가가 만든 트라이볼(Tri-Bowl)이라는 건축물이 바로 원뿔 세 개를 거꾸로 놓은 모양이죠.

인천 송도 신도시의 센트럴파크에 도착하면, 눈앞에 3개의 원뿔을 뒤집어 붙여 놓은 것 같은 독특한 건축물이 보여요. 바로 트라이볼 건물이지요. 트라이볼은 서울특별시청 신청사를 설계한 유걸 건축가의 작품이에요.

유걸 건축가는 트라이볼이 '산을 뒤집은 형태'라고 설명했다고 해요. 트라이볼은 아래에서 위로 올라갈수록 넓어지는 뒤집힌 고깔 형태로 세계 최초의 '역 셸(易 Shell)구조' 건축이에요. '소라껍데기가 거꾸로 된 구조'라는 뜻이지요. 이 건축물은 외관 어디에서도 직선을 찾을 수 없는 3차원의 곡선 건물이에요. 이러한 팽이 모양으로 시공하는 것이 무척 어려워서 3D 설계 기술과 특수 공법을 이용했다고 해요.

현재 내부는 공연 및 전시 복합 문화 공간으로 활용되고 있어요.

트라이볼은 얕은 연못 같은 것 위에 3개의 다리를 통해 건물 안으로 들어가도록 연결되어 있어요. 건물뿐 아니라 주변 공간 연출도 아주 뛰어나답니다. 인천 송도에 가면 꼭 들러 보세요!

33 원기둥 모양으로 된 건축물이 있나요?

넓은 원기둥 모양의 건물을 떠올리라고 하면 여러분들도 어렵지 않게 고대 로마의 대표 건축물인 콜로세움을 떠올릴 수 있을 거예요. 콜로세움 하면 영화 속에서 보았던 검투사들의 모습도 함께 떠오르지 않나요?

이탈리아 로마에 가서 콜로세움을 처음 보면 "우와!"라는 감탄사 밖에 안 나올 거예요. 상상했던 것보다 훨씬 멋지거든요.

콜로세움은 1900년이 넘는 세월이 흐르는 동안 지진과 공해, 도굴 등에 시달려 왔는데도 고대의 웅장함을 그대로 간직하고 있는 정말 대단한 건축물이에요. 로마의 콜로세움은 72년경에 베스파시아누스 황제가 건축하기 시작하여 80년에 완공되었다고 해요. 이런 어마어마한 규모의 건축물을 8년 만에 완성했다니 믿어지지가 않지요. 콜로세움은 그 규모가 엄청나 당시에도 약 5천 명의 관객을 수용했었다고 해요. 이 거대한 건축물 안에 물을 채워 해전 전투를 재현하거나 훈련을 했었다고 하니 고대 로마의 스케일에 입이 떡 벌어지지요.

4층으로 지어진 콜로세움은 각층마다 다른 양식으로 이루어져 있는데, 1

층은 도리아 양식, 2층은 이오니아 양식, 3층은 코린트 양식의 기둥과 아치로 장식되어 있어요.

콜로세움은 황제와 귀족을 위한 별도의 통로가 있고 좌석도 신분에 따라 따로 앉도록 나누어져 있는 것이 특징이랍니다. 이 콜로세움은 중세에 와서는 교회로 쓰였고, 그 후에는 군사 시설로 사용되었다고 해요.

그런데, 혹시 연필처럼 긴 원기둥 건물도 존재할까요?

네, 연필 모양의 원기둥 건물도 있어요. 대표적인 것이 피사의 사탑이지요.

피사의 사탑은 이탈리아 서부 토스카나 주 피사에 있어요. 원래는 대성당의 원기둥 형태의 종루로 건축되었다고 해요. 지금은 대성당보다 기울어진 탑으로 피사의 사탑이 더 유명한 관광 명소가 되었지요. 그럼, 피사의 탑은 언제부터 기울기 시작했을까요? 1173년 공사를 시작할 때에는 분명히 반듯이 서 있었으나, 13세기에 들어 점점 탑이 기울어지는 게 관찰되었다고 해요. 현재 기울기의 각도는 약 5.5도이고 여러 차례의 보수 공사로 더 이상 기울어지지 않고 그 각도에 멈추어져 있지요. 피사의 사탑은 중세의 세계 7대 불가사의로 불리고 있어요.

 ### 세상에서 가장 많이 기울어진 건축물은?

피사의 사탑처럼 기울어진 건축물이 더 있다고요? 네, 최근 기네스북에 오른 독일 북부 수르후젠의 교회 탑은 더 심하게 기울어져 있다고 해요. 15세기에 지어진 높이 25.7m의 이 탑은 기울기가 5.07도로 이탈리아 피사의 사탑 기울기인 3.97도보다 1.1도 더 기울어져 있지요. 나무로 세워진 교회 탑은 습기가 많은 토양 위에 지어져 그동안 조금씩 기울어져 왔는데, 현재는 보수 작업을 통해 더 이상 기울어지지 않도록 조치해 놓았다고 해요.

 ### 피사의 사탑이 기우는 이유는?

피사의 사탑은 13세기에 들어 기울기 시작했는데 땅의 성질이 불균형해서 기우는 것이라고 추측하고 있대요. 탑의 남쪽 땅의 흙이 더 부드러워 시간이 지나면서 남쪽으로 탑이 가라앉자 그 무게 때문에 기울기가 점점 더 심해진 거라고 보고 있어요.

34 아주 이상한 모양으로 된 건축물이 있나요?

아주 이상한 모양의 건축물이라고 하면 뭘까요? 예를 들면 외계인의 우주 비행선 같은 건축물? 그런 것도 이 세상에 있을까요?

외계인의 우주선처럼 형태가 정해져 있지 않은 모양을 비정형이라고 해요. 그러니까 원이나 사각형 등으로 정할 수 없는 형태라는 말이죠. 자, 그럼 어디 한번 비정형 건축물이 있는지 찾아 나서 볼까요?

멀리 나갈 필요는 없어요. 바로 우리나라에 이런 비정형(유선형)의 건축물로 유명한 곳이 있거든요. 바로 동대문 디자인 플라자에요. 주로 영어 이름의 앞글자만을 따서 DDP라고 부르지요.

동대문 디자인 플라자는 이름에서 알 수 있듯 서울의 동대문 근처에 있어요. DDP는 세계적인 건축가 자하 하디드가 설계한 세계 최대의 비정형 건축물이에요.

동대문 디자인 플라자는 서울의 미래 모습을 성장시키고, 창조 산업을 이끌어 가는 곳이 되라고 엄청 미래적인 디자인으로 만들었다고 해요.

이 건축물은 신제품 발표와 전시, 공연, 비즈니스, 쇼핑과 휴식을 위한 5

 개의 시설로 이루어져 있어요. DDP는 공간이 따로 나누어져 있지 않고 지붕이 벽이 되고, 벽이 지붕이 되는 열린 공간으로 되어 있지요. 또 실내에 들어가면 안전한 우주 공간처럼 느껴진답니다. 이보다도 더 특이한 건물은 없을 것 같죠?

 에펠탑도, 거킨 빌딩도 시민들에게 흉물스럽다는 비난을 받았던 것 기억하나요? DDP도 처음에는 시민들의 엄청난 비난이 있었어요. 이 지역은 특히나 조선 시대의 성곽 등 유적이 많은 옛 분위기라 미래적인 분위기의 DDP가 주변 경관과 어울리지 않고 너무 튄다는 비판이 많았지요.

 그러나 이제는 오히려 그 특이하고 미래적인 디자인 때문에 사람들이 많이 보러 와서 서울에서 가장 사랑받는 곳 중의 하나가 되었어요. 과거와 미래의 이미지가 함께 어울려 미래로 나아가는, 새로운 서울을 상징하게 된 것이지요.

DDP는 첨단 공법으로만 만들었다고?

　이 건축물은 독특한 디자인 때문에 초기 공사 과정부터 건축 인테리어 마감, 그리고 조경까지의 모든 과정을 전부 특이한 방식으로 했다고 해요.

　DDP에는 동일한 모양이 하나도 없는 3차원 비정형 형태인 내부 때문에 마감 공사도 일반적인 설계 기법으로는 하기 어려웠대요. 그래서 최첨단 설계 기법인 BIM을 도입하여, 내부 마감 형상의 실물 크기 모형을 수차례 제작함으로써 높은 수준의 품질을 확보하였다고 하지요.

　이 건축물에서 가장 특이한 것은 기둥이 하나도 없다는 것이에요. 기둥이 없어도 튼튼하게 유지될 수 있는 메가 트러스 공법을 이용하였기 때문이에요. 메가 트러스는 다리 같은 데에 주로 쓰이는 철로 만든 뼈대를 말해요. 이 공법으로 구조적으로 안정된 거대한 건축물을 세울 수 있었지요. DDP는 또 겉모습이 부드럽게 이어지게 하려고 단 한 장도 같은 크기의 판자 조각을 사용하지 않았다고 해요.

　어려운 말들이라 다 이해는 안 가도 엄청 현대적인 최신 공법을 총동원해서 지어졌다는 것만은 확실히 알겠죠?

35 물 위에 건축물을 지을 수 있을까요?

물 위에 건축물을 지을 수 있나요?

물론 지을 수 있어요. 전통적으로 물 위에 집을 짓고 사는 나라도 많이 있지요. 태국, 필리핀 등과 같이 일 년 내내 더운 나라에서는 땅에서 올라오는 뜨거운 열기를 피하기 위해 물 위에 집을 짓고 사는 사람들이 있답니다. 이렇게 지어진 집을 수상 가옥이라고 하지요.

그런 전통 가옥 말고도 현대적인 기술로 물 위에 뜨는 집을 만들 수 있어요. 이런 집을 플로팅 하우스(Floting House)라고 하지요. 플로팅 하우스는 이름처럼 물에 뜨는 집이에요. 집 바닥에는 '떠 있는 판(부력판)'이라는 것을 까는데 이것 때문에 물에 가라앉지 않고 집 전체가 뜨게 되는 거지요. 부력판 위에 2층 집을 세우기도 해요. 창문과 난방, 전기 시설도 갖추고 침실, 서재, 욕실, 거실, 주방까지 있을 것은 다 있는 집을 짓기도 하지요. 집 외부에는 태양광 판을 붙여서 태양광 판이 전기를 공급하고, 빗물 저장 장치도 지붕에 함께 설치해서 빗물을 걸러서 식수로 사용할 수 있는 현대적인 프로팅 하우스가 지어지고 있지요.

　우리나라에도 물 위에 세운 건축물이 있어요. 바로 한강에 있는 세빛섬이에요. 세빛섬은 '물 위에 띄워 놓은 기초' 위에 지은 플로팅 형태의 건축물이지요. 이런 공법은 세계 최초로 시도한 것이라고 해요.

　이 건축물은 처음부터 서울의 랜드마크가 되길 바라며 의욕적으로 지었다고 해요. 세빛섬은 물 위에 떠 있기 때문에 절대 섬은 아니에요. 그러나 모습이 섬처럼 보이도록 설계되었기 때문에 섬이라고 부르는 거예요.

　세빛섬은 세 개의 떠 있는 섬으로 구성되어 있어요. 첫 번째 섬은 씨앗, 두 번째 섬은 꽃봉오리가 된 모습, 세 번째 섬은 활짝 핀 꽃을 나타내요. 씨앗이 꽃으로 변해 가며 피어나는 과정을 세 개의 작품으로 표현한 것이지요.

　세빛섬은 한강을 아름답게 밝혀 주는 가빛, 채빛, 솔빛이라는 이름의 세 개의 섬으로 구성되어 있어요. 그리고 다양한 영상과 콘텐츠를 상영해 주는 미디어 아트 갤러리인 예빛섬이 있지요.

세빛섬이 사실은 건축물이 아니라고?

　세빛섬은 현재 선박(배)으로 분류하고 있어요. 구조물 아래에 고무 튜브를 집어 넣고 공기를 주입하여 구조물을 이동시키는 공사 방법을 이용해서 물 위에 떠 있기 때문이지요. 그러니까 사실상 세빛섬을 체인(쇠사슬)으로 연결하여 고정하고 있는 배라는 이야기에요.

 ## 바닷속에도 건축이 가능할까?

　우리나라에도 바닷속 해저 터널과 물 위의 플로팅 하우스가 만들어져 있어요. 또한, 바다 위에 있는 다리(교량) 밑에는 다리를 지탱해 주는 기둥이 바다 밑바닥에 고정되어 있답니다. 바닷속 해저 지형이 단단하고 수심이 낮은 곳에서는 현재의 기술로도 바닷속 건축은 가능하다고 해요. 그런데, 육지에서 건축하는 것보다 공사 방법이 복잡하고 공사 비용도 많이 들게 되겠지요. 그래도 바닷속에 건물이 지어진다면, 잠수함을 타고 바다를 구경하는 것보다 훨씬 편안하게 물고기들과 해양 생물을 구경할 수 있을 테니 꼭 지어지면 좋을 것 같아요.

36 기후와 건축은 무슨 관계가 있을까요?

　기후와 건축은 무척 깊은 관계가 있어요. 특정 지역의 환경과 기후 조건은 건축의 모양이나 구조, 재료와 만드는 방법 등에 큰 영향을 주기 때문이에요. 그래서 먼저 자연 환경에 따라 전통 건축이 어떻게 이루어져 왔는지 한번 살펴보려고 해요.

　북극에서는 얼음과 눈으로 집을 지었어요. 이러한 집을 이글루라고 하지요. 추운 나라라 얼음과 눈이 흔해서 얼음집을 만드는 것은 당연하고요. 얼음집 내부에 물을 뿌리면 얼음이 얼 때 응고열을 발생한다는 것을 알아내 건축에 이용했지요. 또 눈으로 만든 집은 단열성이 좋아서, 엄청난 추위 속에서도 생각보다 따뜻한 생활을 할 수 있지요. 정말 과학적이지 않나요?

　다음은 더운 나라의 집을 알아볼게요. 어도비 하우스라고 불리는 토벽집은 고온 건조 기후 지방인 사우디아라비아에서 흙을 이용해 만드는 건축물이에요. 더운 나라이다 보니 더위를 줄이기 위해, 열용량이 매우 큰 물질로 밖을 만들고, 출입구와 창문을 최대한 작게 만드는 것이 특징이에요. 또 주로 드나드는 큰 문을 마당이나 정원 한가운데를 향하게 하여 마당에 있는

　분수나 연못 물이 증발하면서 내보내는 차가운 공기가 들어오도록 설계하였어요. 그리고 이런 마을들은 서로 붙여서 지었어요. 근처 건물의 그림자를 이용해 뜨거운 햇볕을 피할 수 있도록 한 것이지요. 또 건축물의 표면은 밝은 색으로 마감해 최대한 햇볕을 덜 끌어들이도록 하였지요. 이 모든 것이 최대한 더위를 물리치기 위한 설계인 것이지요.

　사막이나 초원은 농사를 지을 수 없는 기후와 자연 환경이기 때문에 사람들이 계속 가축을 이끌고 여기저기 돌아다니는 유목 생활을 하였지요. 이러한 유목민들의 건축물은 자주 이동하는 생활과 기후에 맞도록 만들어졌지요. 그래서 조립이 쉽고 가벼운 유르트와 게르 같은 건축물들이 만들어졌어요. 텐트와 같은 이동식 건축인 거죠. 인디언들도 이와 비슷한 천막인 티피를 만들어 사용했어요.

　또 물이 많고 더운 곳에서는 시원한 강 위에 수상 가옥을 짓기도 해요. 더위도 피하면서 주식인 물고기를 쉽게 잡고 보관할 수 있도록 한 건축 형태이지요. 주요 교통 수단인 배를 이용하기에도 엄청 편리하지요.

　특정 지역의 기후와 그곳에 살아온 사람들의 문화가 그들만의 특별한 건축 구조를 만들어 왔다는 것을 알 수 있지요. 기후가 건축물의 형태에 막대한 영향을 끼치고 있는 거예요.

 ### 건축물과 햇빛의 관계는?

건축물은 되도록 햇빛을 많이 받도록 지어요. 그래서 햇빛을 많이 받는 남향을 제일 좋은 방향으로 꼽지요. 그래서 창문도 남쪽으로 두는 경우가 많답니다. 그런데 건물에 햇빛이 안 들어간다면 어떻게 될까요?

세로토닌은 사람의 감정을 조절하고 기분 좋게 하는 호르몬인데 햇빛이 있어야만 뇌에서 분비가 잘된다고 해요. 그런데 햇빛이 들어오지 않는 집에 살게 된다면 세로토닌 분비량이 줄어들어 우울증에 걸릴 가능성이 커지죠. 또 햇빛이 들어오지 않는 건물은 곰팡이나 부식이 생기기 쉬워요. 건물들이 빽빽하게 들어선 곳에서는 앞 건물과 뒤의 건물이 햇빛을 막는 문제로 재판까지 하게 되는 경우도 종종 있어요. 햇빛이 얼마나 중요한지 알 수 있는 대목이에요.

 ### 아파트에서 태양광을 쓸 수 있을까?

아파트의 옥상이나 발코니에 태양광을 설치하여 전기 에너지를 사용하는 경우를 이제 주변에서 흔히 볼 수 있어요. 현재 정부에서는 태양광의 설치를 독려하기 위해 설치 비용을 보조해 주고 있어요. 정부의 보조금을 받아 태양광 시설을 설치하면 전기 요금 스트레스 없이 시원하고 따뜻한 공간을 만들어 갈 수 있을 거예요. 엄청 경제적이고 편리하겠죠?

37 건축과 에너지 절약은 어떤 관계가 있나요?

환경 문제를 일으키는 가장 큰 이유 중의 하나가 바로 건축물이에요. 많은 사람들이 집을 지을 곳을 마련하다 보니 숲이 파괴되어 도시로 변해 갔어요. 집을 짓기 위해서 많은 나무들이 베어졌지요. 또 건축에 들어가는 인공 재료들이 환경을 파괴하는 물질들을 내뿜기도 했어요. 또 건축물에서 소비되는 막대한 에너지로 인해 자연 자원은 점점 말라가고 있지요.

그런데 우리가 쓰는 에너지는 어디에서 나올까요?

우리는 에너지의 대부분을 화석 연료에서 얻어요. 화석 연료는 수백억 년 전에 살았던 동물이나 식물이 죽어서 땅속에 묻힌 채로 오랫동안 높은 열과 압력을 받아서 만들어진 물질을 말해요.

화석 연료의 종류에는 천연 가스, 석유, 석탄 등이 있지요. 자동차를 움직이고 집에서 살기 위해서는 석유와 가스가 많이 필요해요. 우리가 편리하게 쓰는 전기를 만들 때도 이 화석 연료가 쓰이지요.

그런데 이 화석 연료가 다 떨어져 가고 있어요. 이렇게 가다가는 인류의 생존까지 위협받게 될지도 몰라요. 그래서 사람들은 에너지를 절약하는 한

편, 계속해서 마르지 않게 사용할 수 있는 재생 가능 에너지로 눈을 돌리게 되었어요. 재생 가능 에너지는 자연에서 만들어진 에너지로, 태양에너지, 지열에너지, 풍력에너지, 수력에너지, 바이오매스 등으로 범위가 매우 넓지요.

지열은 지구의 땅속에 원래부터 가지고 있는 열을 말하는 거예요. 바이오매스는 연료용 식물이나 미생물 등을 열분해하거나 발효시켜서 얻은 에너지를 말해요.

요즘엔 건축에서도 이런 재생 가능 에너지들을 활발히 이용하려는 움직임이 일어나고 있어요. 건축을 계속 해야 하는데 건축으로 인해 환경이 파괴된다니, 건축을 하는 사람들의 고민도 이만저만이 아니었던 것이지요.

또 유럽에서는 이미 오래전부터 에너지 소비가 기존 건물의 10%에 불과한 패시브 하우스가 많이 만들어졌어요. 패시브 하우스뿐만 아니라 에너지 소비를 0에 가깝게 만드는 제로 에너지 하우스에 대한 연구도 활발히 이루어지고 있지요.

그러나 아직은 패시브 하우스나 에너지 절약형 건축에 대해 잘 모르는 사람이 더 많은 것 같아요.

 건축 일을 하는 사람부터, 건축물을 사용하고 소비하는 우리까지 모두 건축 환경과 자연 환경에 대해 더 관심을 기울여야 해요.

 여러분들도 에너지 사용을 줄이고, 되도록 집을 지을 때나 고칠 때 친환경 재료를 이용하라고 부모님이나 이웃에게 말해 보세요.

 에너지 관련 직업이 있을까?

 최근 에너지 분야에 대한 관심이 많아지면서 에너지 관련 전문 직업이 더 늘어나는 추세예요.

 1. 에너지 진단사 – 에너지 진단사는 건축물의 부분별 에너지 성능을 진단하고 분석하여 건축물의 에너지 성능이 좋아질 수 있도록 돕는 사람이에요. 단열재나 냉·난방 설비 등을 살펴보고 개선할 곳을 체크해 효율적으로 공사할 수 있도록 도움을 주지요.

 2. 에너지 평가사 – 자동차나 전자 제품에 에너지 효율 등급이 있듯이 건축물에도 에너지 효율 등급이 있어요. 이 건축물의 에너지 효율 등급을 평가하고 건축물의 에너지를 효율적으로 절약하도록 돕는 사람을 에너지 평가사라고 해요. 또 온실 가스 배출량을 줄이도록 돕는 일을 하지요.

38 친환경 건축으로는 어떤 것들이 있을까요?

앞으로의 건축물은 얼마나 화려하고 아름다운지보다 에너지 효율과 유지 관리 비용이 어떤지에 따라 평가받게 될 거예요. 또 건축물이 단지 인간이 생활하고 활동하는 곳이라는 생각에 머무르지 않게 될 것 같아요. 한 차원 올라가, 자원을 낭비하지 않고 환경을 오염시키지 않는 지속가능한 건축이어야만 건축으로 인정받게 될 거예요. 집이 친환경적인 기능을 가지고 있으면서도 아름답다면 당연히 더 좋겠죠?

이러한 분위기를 타고 현대 건축물에도 친환경 건축, 패시브 건축, 지속가능한 건축, 저에너지 건축, 제로 에너지 건축의 바람이 불고 있어요.

패시브 건축물은 에너지가 덜 소비되도록 짓고, 이산화탄소를 적게 발생하면서 짓는 건축물을 말해요. 실용적이면서도 지구를 생각하는 건축이지요. 정말 멋있지 않나요?

그럼 이런 패시브 건축물을 지으려면 어떤 것을 고려해야 할까요?

첫째는 단열이에요. 건물을 감싸고 보호해서 따뜻한 집이 되도록 하는 거죠. 그래서 단열을 하는 재료와 문과 창문을 잘 선택해야 해요. 둘째는 환기

에요. 바람이 드나드는 길을 찾아 창문의 위치와 건축물의 위치를 잘 잡으면 자연 환기가 되어 여름에 시원한 건축물이 되지요. 겨울에는 따뜻한 공기가 밖으로 새어 나가지 않도록 틈새를 꼼꼼히 막아서 에너지 소모를 줄여야 하지요. 패시브 하우스는 이렇게 에너지 낭비를 막는 친환경 건축물이에요.

그럼 이제 유명한 친환경 건축물을 살펴볼까요?

먼저 노스캐롤라이나 주립 대학에 있는 제임스 헌트 도서관을 볼게요. 이곳엔 총 5개의 도서관이 있는데 그 중 헌트 도서관이 가장 유명하지요. 헌트 도서관은 축구장보다 넓어서 한 번에 총 1,700여 명의 학생을 수용할 수 있다고 해요. 이 건축물에서 가장 눈에 띄는 것은, 건축물 밖에 날개나 지느러미 모습으로 붙어 있는 핀이에요. 처음 보면 디자인만 특이하다고 생각할 수 있어요. 그런데 이 지느러미 같은 핀이 햇빛이 들어오는 것을 막아 주기도 하고, 햇빛이 들어오는 양을 조절해 주는 기능을 한다고 해요. 그러니까 제임스 헌트 도서관은 디자인뿐 아니라 환경까지 생각한 진정한 현대 건축물이지요.

다음은 영국의 그리니치 밀레니엄 빌리지를 소개할게요.

1960년대 이후 많은 건축가들이 '지구를 지키자'는 데에 뜻을 같이하며 가능한 한 에너지 효율이 높은 건물을 지으려고 노력했어요. 이런 건축물들을 '녹색 건물'이라 부르지요. 랠프 어스킨의 그리니치 밀레니엄 빌리지는 대표적인 녹색 건물이라 할 수 있어요. 이 건축물은 유럽에서 가장 에너지 효율이 높게 건축되었다고 해서 유명한 건축물이에요. 이렇게 건축가는 건축물로 자신의 사상을 나타낼 수 있고 세상을 변화시킬 수도 있지요.

 열섬 현상이란?

건축물, 인공 시설물에서 나오는 인공 열과 매연 등의 영향으로 도시의 기온이 높게 나타나는 현상을 말해요. 온실 효과와 흡사하지요. 앞으로의 건축은 이런 것들까지 극복해야 하지요.

 에어컨으로 소모되는 에너지는?

에어컨 한 대를 10시간 틀면 동시에 선풍기 50대를 10시간 켜는 만큼의 에너지가 소요되지요. 이때 소비전력은 3kW=3,000W, 선풍기 60W로 가정하면 3,000/60=50(대)이나 된답니다. 에어컨 사용을 줄여야겠다는 생각이 들죠?

39 건축과 관계있는 산업은 어떤 것이 있을까요?

　우리나라에서 건축 관련 산업에서 일하는 사람은 200만 명에 가깝다고 해요. 많은 산업 중에서 건축 관련 사업은 우리가 행복하게 살아가는 데 빼놓을 수 없는 중요한 산업이에요. 그런데 건축 일을 하는 사람들이 왜 이렇게 많은 걸까요?

　그건 실제 건축물을 짓는 사람들 말고도 많은 사람들이 건축과 관련되어 있기 때문이에요.

　건축 산업은 크게 설계 회사와 시공 회사로 나눌 수 있어요. 설계 회사에 관계된 사업체로는 설계 프로그램 개발 회사, 컴퓨터 제작 회사, 도면을 출력할 수 있도록 해 주는 인쇄소, 종이를 만드는 회사가 있어요. 다 건축 관련 회사라고 말할 수 있지요.

　시공 회사라고 하면, 직접 공사하는 업체와 건설 재료들을 생산하는 회사, 포클레인과 같은 건설 장비를 생산하는 회사, 재료를 운반하는 운송 회사까지를 다 일컫는 말이에요.

　이 밖에도 건물을 시공할 때 관리 감독을 하는 감리 회사, 건물이 지어진

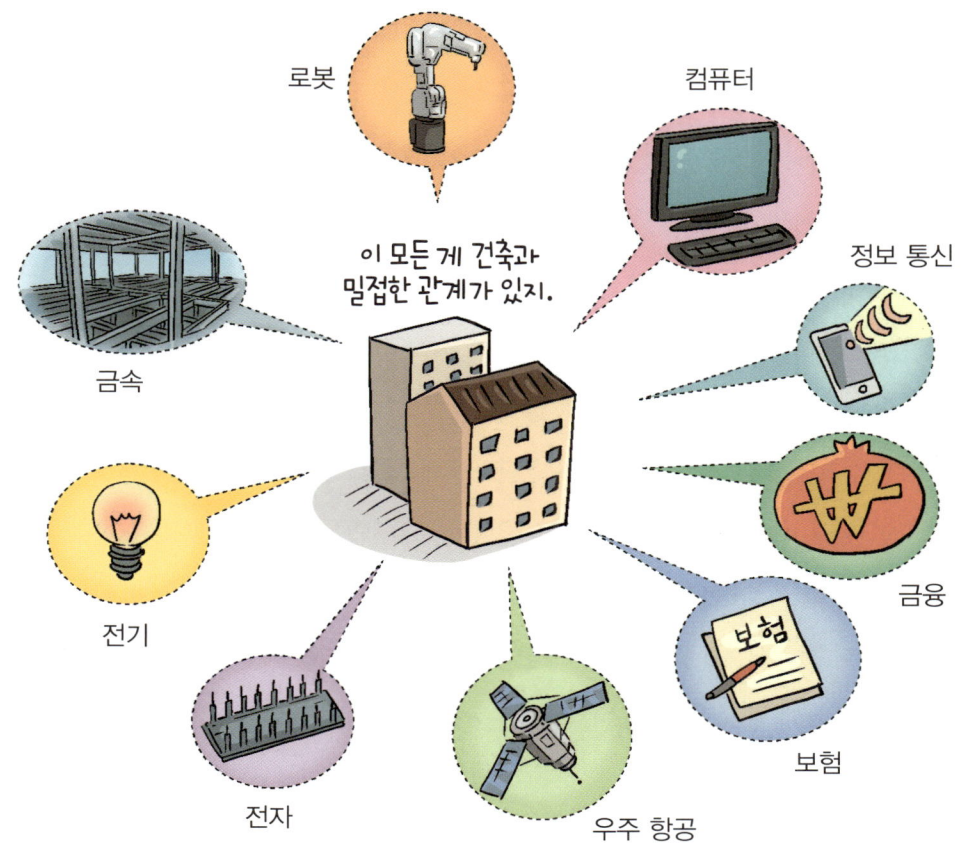

후 안전하게 사용하도록 도와주는 유지 관리 회사, 건축물을 사고파는 데 도움을 주는 부동산 회사나 임대업도 건축 관련 사업이라고 할 수 있지요.

건축과 아주 밀접한 관련이 있는 산업으로는 금속, 로봇, 컴퓨터, 전기·전자, 우주 항공, 정보 통신, 보험, 금융업이 있어요.

금속은 건축에 다양하게 들어가니 관련 산업이라 한다지만 로봇은 아닌 것 같다고요?

로봇은 높은 건물에 창문을 붙일 때나 위험한 공사를 할 때 이용해요. 컴퓨터는 건축 설계사가 도면을 그릴 때나, 건설 현장에서 진행 상황을 관리

129

할 때 사용하지요. 또 우주선을 발사하는 제어실과 연구실은 첨단 건축으로 지어지니 건축과 관련되었다고 볼 수 있지요. 정보 통신은 전화와 인터넷이 잘되도록 건물 속에 통신 선로를 공사하니까 건축에서 꼭 필요한 영역이에요. 보험은 정말 관련이 없어 보이지만 이 또한 정말 중요하답니다. 사고의 위험을 대비하고 안전하게 건물이 완성될 수 있게 하려고 보험에 가입해 두어야 하거든요. 또 건물을 지을 때 돈이 부족하면 은행에서 빌려야 하니 금융도 관련이 있지요.

백화점, 호텔, 모델 하우스, 미술관, 카페 등의 실내 공간을 설계하고 시공하는 인테리어 산업도 있지요? 또 친환경 자재 산업이 있어요. 요즘은 건축에 관련된 사업체들이 지구 온난화 현상의 원인인 이산화탄소를 줄이기 위해 친환경 건축 재료들을 많이 개발하고 있어요. 또 건축에 들어가는 재료들도 새롭게 개발하는 신소재 산업도 있어요.

 **건축과 조경은 어떤 관련이 있을까?**

조경은 식물을 심어 화단이나 화분, 계단이나 울타리, 벤치 등을 잘 구성해 사람들이 살기에 좋은 공간을 만들어 주는 일이에요. 식물로 공간 환경을 아름답게 꾸미는 거죠. 요즘엔 건축물을 지으면 반드시 조경 작업을 해 조화롭고 아름다운 공간이 되도록 하지요. 가로수를 심거나 도시에 공원을 만드는 일 모두가 조경이에요. 조경도 사람들의 삶의 질을 높이는 또 다른 의미의 '건축'이지요.

40 건축과 관련된 직업은 무엇인가요?

1. 건축 디자이너

건축 디자이너는 계획을 세우고, 도면(그림)이나 글로 표현하는 사람이에요. 컴퓨터 설계사, 토목 설계사가 있고, 건물의 외형과 실내 인테리어를 설계하는 사람들도 있지요.

2. 감리원 (건설 사업 관리 기술자)

감리원은 현장에 파견되어 건설 공사가 제대로 시공되는지 확인하고 관리, 감독하는 기술자예요.

3. 건축 시공 기술자

건축 시공 기술자는 설계사가 디자인한 도면으로 건물을 완성하기 위하여 건물의 뼈대를 구성하는 사람이에요. 경제적으로 돈이 많이 들지 않으면서도 튼튼하게 만들도록 하는 것이 건축 시공 기술자가 하는 일이지요.

4. 조경 기술자

조경 기술자는 식물을 이용하여 생활 공간을 아름답고 조화롭게 만드는 사람이에요. 자연환경과 인간의 관계를 고려하여 건축물과 잘 어울릴 수 있는 나무나 조각품을 배치해 예술적으로 디자인과 시공을 하는 직업이죠.

5. 공공 디자이너

공공 디자이너는 공공의 성격을 갖고 있는 건축물과 시설물인 가로수, 벤치, 보도, 자전거 거치대 등을 디자인하는 사람을 말해요.

6. 건축 구조 기술자

건물이 지진과 재난으로부터 안전하도록 설계하는 전문가에요.

7. 인테리어 디자이너

인테리어 디자이너는 창의적으로 아름답게 건물의 내부를 디자인하는 전문가예요.

8. 건축가(건축사)

건축가는 건축 관련 창작 활동을 하는 사람을 일컫는 말이에요. 그중, 건축사는 국토교통부에서 시행하는 자격 시험에 합격하고 국토교통부 장관의 면허를 받은 사람으로, 이러한 건축사의 서명 날인이 있는 설계 도서만이 법적인 효력을 가질 수 있지요. 보통 건축사를 건축가라고 부르지만, 이렇게 약간 뜻이 달라요.

 뭐! 이 직업도 건축과 관련 있다고?

1. 도시 계획가 - 도시 계획가는 우리가 살고 있는 마을을 만들고, 도시를 어떻게 꾸밀지 계획하는 일을 해요. 사람과 건물이 조화를 이루도록 설계를 하지요.

2. 문화재 수리 기술자 - 우리나라의 많은 건축 문화재들이 어떤 사람들에 의해 보존되고 후대에까지 전해질 수 있을까요? 바로 문화재 수리 기술자들 덕분이지요. 문화재 수리 기술자는 문화재의 품질이 잘 보존되도록 문화재를 수리하는 사람이에요. 문화재 수리 기술자 자격증도 있답니다.

> 세기의 건축물 5

영국 왕실의 사무실이자 집
영국 버킹엄 궁전

- 영국 런던 웨스트민스터 위치 · 1703년 건축 · 규모 17만 4,000㎡ · 방 수 650개 이상 · 빅토리아 여왕 첫 거주

　버킹엄 궁전은 영국의 왕들이 살고 있는 궁전이어서 유명한 곳이에요. 1703년에 존 셰필드라는 공작이 지은 대저택이었는데, 1962년 조지 3세가 구입하여 왕실의 궁전이 되었어요. 버킹엄 궁전의 외관은 하얀색으로 웅장하게 지었어요. 내부는 화려한 장식들로 되어 있고, 왕실의 보물과 예술 작품이 많이 보관되어 있어요. 예전에는 비공개였지만 현재는 일반인에게 공개하고 있어서 많은 관광객이 찾고 있답니다.

　일반인들이 구경을 오면 왕이 위험하지 않겠냐고 하는 사람들도 있는데요. 사실 일반인에게는 일부만 공개하고 있어요. 또 이렇게 공개하는 대신 보안과 경비를 철저히 하고 있지요. 현재는 엘리자베스 여왕이 거주하고 있는데, 여왕이 궁전에 있을 때는 왕실 깃발이 걸려 있고, 여왕이 없을 때는 깃발이 내려진다고 하네요.

버킹엄 궁전의 명물, 근위병 교대식!

　버킹엄 궁전에 가면 절도 있는 자세와 멋있는 복장을 하고 궁전을 지키고 있는 근위병을 볼 수 있어요. 궁전의 열쇠를 넘겨주는 근위병 교대식은 매일 또는 격일마다 이루어지고 있지요. 이 총을 든 근위병과 고적대의 멋진 모습을 보기 위해서 수많은 관광객들이 버킹엄 궁전을 찾아오고 있답니다.

41 우리집에도 위험 요소가 있을까요?

우리는 집에서 생활하는 시간이 가장 길어요. 그래서 집은 안전하고 편안해야 하지요. 그럼 집에서 생길 수 있는 위험 요소와 예방법을 알아볼게요.

Q: 오래된 아파트라 창문 실리콘이 낡아서 벗겨지고 창문이 틀과 잘 맞지 않아 덜컹거려요. 괜찮을까요?

A: 위험합니다. 낡은 창문을 교체하지 않을 경우, 강풍이 불 때 창문이 떨어질 수 있고 반대로 창문이 잘 열리지 않을 수도 있어요. 창문의 코킹을 바꿔 주거나 전문 업체에 수리를 요청해 미리 안전에 대비해야 해요. 또 장마철에 태풍이 올 때는 테이프를 X자로 붙이거나 뽁뽁이를 붙여서 예방해야 해요.

Q: 동생의 손이 방문에 낄까 봐 걱정이 되는데, 어떻게 하면 좋을까요?

A: 실제로 아파트 문틈에 손가락이 끼는 사고가 자주 발생해요. 문이 완전히 닫히지 않게 하는 안전 고리를 설치하면 사고를 예방할 수 있어요.

Q: 발코니에 거치대를 설치해서 무거운 화분을 올려놓았는데 불안해요. 그냥 두어도 괜찮을까요?

A: 추락에 의한 사고가 발생할 수 있어요. 원래는 거치대를 설치하지 않아야 하나, 꼭 설치하고자 할 때는 거치대와 화분을 끈으로 고정하여 추락하지 않도록 예방해야 해요.

Q: 발코니와 베란다 난간의 높이가 낮고 틈새가 좀 넓은 것 같아요. 괜찮을까요?

A: 난간의 높이가 낮거나 틈새의 폭이 클 때 아이들이 빠져나가 추락할 수 있어요. 아이들이 베란다 난간에 올라가거나 머리를 집어 넣지 않도록 철저한 교육을 해야 하고, 베란다 난간의 안쪽에 유리 창문을 설치하여 추락을 방지하는 게 좋아요. 만약 문이 열리는 창문일 경우에는 난간의 높이를 높이고 틈새는 좁히는 공사를 해야 안전합니다.

Q: 화장실과 욕실 청소를 해도 곰팡이가 자주 생겨요. 괜찮을까요?

A: 화장실의 타일과 코킹 부위, 다용도실 등에 곰팡이가 발생하게 되면

감기, 천식, 알레르기 등을 유발할 수 있어요. 평소에 창문을 수시로 열어 두면 곰팡이 예방에 도움이 됩니다. 만약 벌써 곰팡이가 발생했다면 쉽게 번질 수 있으니 보이는 즉시 닦아 내는 것이 좋아요.

Q: 아파트 주차장에서 사고가 나지 않으려면 어떻게 해야 하나요?
A: 주차장과 아파트 내의 차도에서는 후진하는 차량과의 접촉 사고가 자주 일어나는 편이에요. 되도록 주차된 차량 뒤에서 놀지 않아야 하고, 차량의 후진 등(하얀색)의 표시를 미리 알아 두면 주의할 수 있어서 좋아요.

Q: 아파트 방화문이 항상 열려 있어요. 괜찮을까요?
A: 계단실 방화문은 환기를 목적으로 만든 것이 아니고 불이 났을 때 연기가 들어오지 못하게 한 것이므로 항상 굳게 닫아 두도록 하세요. 또 녹이 슬거나 방화문에 틈새가 있을 경우엔 즉시 관리 사무소에 알려 수리하거나 교체해야 하지요.

⁉ 놀이터에서 사고를 예방하려면?

어린이 놀이터에 놀이 기구가 벗겨지거나 흔들리고 부서졌을 때 추락하는 등의 사고가 발생할 수 있어요. 놀이터에서의 위험한 장난을 하면 안 되고, 망가진 놀이 기구를 발견했다면 즉시 관리 사무소에 알려서 수리할 수 있도록 해야 해요.

42 지진이 나도 건물이 무너지지 않게 하는 방법은 없을까요?

외국에서 지진이 나서 건물이 무너지고 많은 사람이 죽거나 다치는 것을 뉴스로 보면 두려운 생각이 들지요. 최근 우리나라 경주에서도 지진이 일어나서 앞으로 더 큰 지진이 일어나지 않을까 많은 사람들이 두려워하고 있어요.

지진은 땅속에 있는 열이 공기 중으로 뿜어져 나오면서 일어나요. 이때 지구를 구성하는 암석들도 함께 움직이기 시작해, 땅이 갈라지고 흔들리는 현상이 나타나게 되는 거지요. 이것을 지진이라고 해요.

사람들은 지진이 나서 땅이 갈라지는 것보다 지진 때문에 우리가 생활하고 있는 빌딩이나 아파트, 집이 무너지는 것을 더 무서워하지요. 갈라진 땅 사이로 추락하는 일보다 무너진 돌이나 콘크리트에 깔려 죽거나 다치는 일이 더 많으니까요.

그럼 지진이 나도 무너지지 않는 건물을 만들 수는 없을까요?

많은 사람들이 이런 고민을 해 왔어요. 그래서 지진이 발생해도 무너지지 않게 하는 방법이 연구되어 왔고 이미 실제로 건축 현장에서 활용되고 있답니다.

지진에 대비하는 방법은 무엇일까요?

지진이 일어났을 때 건축물이 무너지지 않고 버티려면 건물을 설계할 때부터 잘 만들어야 해요. 지진에 대비하는 설계로는 내진 설계, 면진 설계, 제진 설계가 있어요.

내진 설계는 지진이 발생하여 땅이 심하게 흔들리더라도 건물에 금이 가거나 무너지지 않도록 튼튼하게 짓는 방법이에요. 더 굵은 철근을 넣고 벽과 바닥을 두껍게 만들어서 건축물의 아랫부분을 튼튼하게 짓는 방법이지요.

면진 설계는 건물의 제일 아랫부분에 적층 고무 같은 특수한 물질을 사용하여 땅과 건물을 느슨하게 연결해 주는 방법이에요. 그러면 땅이 심하게 흔들리더라도 건물 자체는 큰 영향을 받지 않게 되지요.

오늘날 건물, 다리, 철도, 댐, 공항 등 수많은 특수 구조물이 이러한 면진 설계 방식으로 지어지고 있어요.

제진 설계는 특수 장치를 부착하여 땅에서 전달되는 진동을 흡수하도록 한 방식이에요. 건물 기둥 사이에 지진의 힘을 약하게 만드는 장치를 부착하여 건물이 받는 충격을 흡수하게 만든 것이지요.

어때요? 이런 설계가 된 건축물이라면 지진이 와도 끄떡없겠죠?

 층간 소음을 줄일 수 있는 방법이 있을까?

요즘 들어 여러 세대가 공동으로 생활하는 공동 주택에서의 가장 큰 문제는 층간 소음이에요. 층간 소음 문제로 살인 사건까지 난 적이 있을 정도로, 이 층간 소음 문제는 심각한 사회 문제가 되고 있어요. 그래서 층간 소음을 완화하기 위해서 '공동 주택 층간 소음 방지 기준' 등의 법으로 건축 기준을 정하고 있어요.

층간 소음을 줄이기 위해서는 바닥 충격음 차단 구조를 적용해야 해요. 바닥 충격음 차단 구조는 바닥 마감재, 모르타르, 콘크리트 및 층간 소음 완충재로 스티로폼 또는 고무 재료와 금속 재료 등의 신소재가 지속적으로 개발되고 있어요.

공동 주택의 건축 구조 방식인 벽식, 기둥식, 무량판 구조 방식에 따라 층간 소음에 영향을 주기도 해요. 그중 기둥식 구조가 층간 소음이 가장 작다고 합니다.

하지만 가장 중요한 건 이웃 간의 이해와 배려가 아닐까요?

43 건축 안전과 관련된 기관은 무엇인가요?

1. 국민안전처

국민안전처는 우리 국민이 전국 어느 곳에 살든 재난으로부터 안전하게 살도록 돕기 위해 만들어졌어요. 체계적인 재난안전관리시스템을 만들어 안전 사고를 예방하고, 재난이 일어났을 때 종합적이고 신속하게 해결하도록 설치되었어요.

2. 국토교통부

국토교통부는 우리나라의 땅과 모든 지역을 골고루 발전시키고, 환경과 조화되도록 국토를 관리하기 위해 만들어진 정부 기관이에요. 국민들이 평등하고 행복한 건축물에서 살도록 하고, 안전하고 편리한 교통서비스를 받도록 일하고 있지요. 국토교통부에서 주로 하는 사업에는 '살기 좋은 생활공간 만들기'가 있어요. 여기에는 안전한 건축물에서의 안전한 삶이 포함된다고 할 수 있지요.

3. 고용노동부

고용노동부는 국민의 일자리에 관한 모든 정책과 노동자들에 관한 모든 일을 관리하는 중앙 행정 기관이에요. 노동자와 사용자(사장)가 의견을 잘 조정하도록 돕고, 건축과 산업 현장에서 사고가 일어나지 않도록 예방하는 일도 하고 있어요.

4. 안전보건공단

안전보건공단은 근로자들이 좋은 직업 환경에서 일하도록 일터의 안전을 검사하여 인증하는 일을 하고 있지요. 그리고 건축 현장에서 사고가 났을 때 원인을 조사하여 다른 사고를 예방하도록 돕고 있어요.

5. 한국시설안전공단

한국시설안전공단은 『시설물의 안전관리에 관한 특별법』에 의하여 1995년 설립되어 시설과 건축물의 안전을 확보하고 국민의 생명과 재산을 보호하는 기관이에요. 한국시설안전공단은 정밀 안전 진단을 내리고, 진단 기술을 연구하고 개발하여 널리 보급하는 일을 맡고 있어요.

 **싱크홀은 왜 생길까?
또 어떻게 대처해야 할까?**

싱크홀은 인도나, 차도 등이 지하의 빈 공간 때문에 밑으로 꺼지면서 만들어진 구멍을 말해요. 싱크홀은 땅속의 석회암이 녹으면서 땅이 무너져 발생한다고 해요. 또 이곳저곳 너무 심하게 개발이 이루어진 곳이나 부실 공사가 이루어진 곳에서도 발생하지요.

싱크홀이 생겼을 때는 나라에서 지질 자료 등을 활용한 싱크홀 위험 지도를 작성하여 이를 토대로 대책을 마련해야 해요.

 위급한 상황일 땐 어디로 연락해야 하지?

국번 없이 119를 누르세요. 긴급 전화번호가 많이 있지만, 급할 때는 생각이 나지 않을 거예요. 119만이라도 꼭 기억해 두세요. 지진, 화재, 구조, 구급, 재난, 응급 환자가 있을 때, 119로 전화하면 도움을 받을 수 있어요.

44 건축 안전은 무엇이고 왜 필요한가요?

　안전이란 사고의 발생 가능성이 없는 상태를 말해요. 즉 사람들이 다치거나 재해로 피해를 입을 위험이 전혀 없다는 뜻이지요. 그러므로 건축 안전은 건축물을 짓거나 건물을 사용하는 과정에서 생길 수 있는 위험으로부터 사람을 보호하는 것을 말해요. 건물을 안전하게 짓고, 건물을 사용할 때도 안전하도록 설계하는 것을 말하지요.

　여러분은 뉴스를 통해 성수대교 붕괴, 마우나 리조트 붕괴, 삼풍 백화점 붕괴 같은 대형사고를 많이 보았을 거예요. 건물을 짓는 과정에서 사고가 발생했다는 뉴스도 많이 보았을 거예요. 우리나라에서는 이런 안전사고로 1년에 3만 명이 넘는 사람이 죽는다고 해요. 하루 평균 약 80명이 안전사고로 죽는다는 뜻이지요. 엄청 끔찍한 일이지요? 이렇게 건축물에서 일어나는 사고를 막으려면 안전에 신경 쓰는 방법 밖에는 다른 방법이 없어요!

　사람은 건축물에서 머무는 시간이 가장 많아요. 그만큼 건물에서 사고를 당하는 일이 많지요. 안전은 사람의 생명과 직결되는 문제이기 때문에 건물을 지을 때는 반드시 법과 절차를 지켜 공사해야 해요.

　건축물을 쌓아올려서 공사를 진행하는 시공 단계에서는, 건축 자재를 운반할 때 안전 지대를 미리 정해야 해요. 건축 자재가 아래로 떨어져서 사람들이 다치는 일이 없도록 하는 것이지요.

　현장에서는 일하는 사람들의 추락 사고도 자주 일어나는 편이에요. 그래서 높이가 2m 이상 되는 현장에서는 작업 발판을 튼튼하게 설치하고, 낙하물 방지망을 설치하여 작업자와 지나가는 사람들을 보호해야 하지요. 모든 작업자가 안전 장구를 착용하고 안전 연결 고리를 하는 것은 필수고요. 안전보호구도 반드시 착용해야 하지요. 안전화(신발)는 못이나 철사 같은 것에 찔리는 것을 방지해 주고, 안전벨트와 후크도 높은 곳에서의 추락 사고를 방지하므로 역시 꼭 착용해야 해요. 안전모는 위에서 떨어지는 물건에 맞았을 때 머리를 보호해 주기 때문에 반드시 써야 해요.

건축물이 안전하게 지어졌어도 건물을 사용할 때, 그 안에 사는 사람이 사용법을 잘 알지 못하거나 하자를 방치해서 안전사고가 일어나는 경우가 종종 있어요. 건물을 제대로 사용하는 방법을 잘 알아 두고 주기적인 건축물 검사를 해야만 안전사고를 예방할 수 있다는 것, 꼭 기억하세요!

 **건축 안전과 관련된 직업은 무엇일까?**

1. 건설 안전 기술자 – 건물을 지을 때 건축주와 사업주들이 공사 기간을 줄이고 돈이 적게 들게 하려고 일하는 사람에 대한 보호를 소홀히 하는 경우가 많이 있어요. 그래서 나라에서는 건축 현장에서의 재해를 예방하기 위하여 현장마다 건설 안전 기술자를 배치하지요. 건설 안전 기술자는 건축 안전에 관한 기술적인 부분을 관리하는 사람이에요.

2. 산업 안전 기술자 – 건축 현장의 안전은 근로자의 생명과 연결되는 중요한 문제에요. 현장에서 근로자를 보호하고, 근로자들이 안심하고 생산성 향상에 주력할 수 있도록 돕는 사람이 바로 산업 안전 기술자예요.

3. 소방관과 소방 기술자 – 소방관은 불이 났을 때 불을 끄거나 위기에 처한 사람에게 도움을 주는 사람이에요. 소방 기술자는 건축물의 소방 시설을 설계, 시공하거나 점검하는 기술자를 말하지요. 특히 기계 분야의 소방 설비 기술자는 기계 계통으로 작동하는 건물 소방 시스템인 소화기, 옥내, 외소화전, 스프링클러, 포소화설비, 이산화탄소 소화 설비, 할론 소화 설비 등을 전문적으로 담당해요.

45 건축 안전은 누가 지켜야 하나요?

건축 안전은 건축주(발주자), 시공자(사업주), 근로자, 건축과 관계된 모두가 반드시 지켜야 하지요.

건축주(발주자)는 건설 공사를 건설업자에게 맡긴 사람이에요. 건물의 주인인 셈이지요. 건축주는 공사가 너무 싼 금액에 이루어져 부실 공사가 되지 않고, 적정한 금액에 품질이 확보될 수 있도록 신경 써야 해요. 또 건설 회사가 충분히 일을 해낼 능력이 있는지 파악해서 적당한 회사에 일을 맡겨야 하지요.

특히, 건축주는 자신의 이익을 추구하기 위해 건설 회사에 무리하게 공사를 마치도록 지시해서는 안 되며, 시공자(사업주)는 공사비를 절약하기 위해서 주요 재료를 빠뜨리는 일을 해서는 안 돼요.

시공자(사업주)는 발주자로부터 건축 공사 일을 맡은 사람이에요. 쉽게 말하면 근로자를 고용한 건설 회사이지요. 시공자는 근로자가 현장에서 건강을 지킬 수 있도록 나쁜 환경을 바꾸고 안전한 작업 환경을 만들어 주어야 해요. 근로자의 건강을 보호하기 위하여 건강 진단을 받도록 해 주어야 하고, 근로자에게 심한 일을 시키지 말아야 하지요. 또 법에서 정하지 않은 재료는 사용하지 않아야 해요. 또 작업 조건에 맞는 안전모, 안전대 등 보호구를 제공하여 건설 근로자가 착용하도록 지시해야 하지요.

건축 근로자는 건설 회사에 소속된 직원을 말해요. 근로자는 사업주가 시행하는 건강 진단을 꼭 받아야 해요. 현장 일을 할 때는 기계 기구 또는 설비의 안전과 보건 상황을 점검하여 이상이 있는지 자주 확인해야 해요. 무엇보다 근로자는 안전 불감증으로 불안전한 행동을 하거나 불필요한 도구를 사용하면 안 돼요. 술을 마신 후에 작업하는 것도 안 되지요. 또 반드시 건설 안전 교육을 받아야 해요. 근로자는 무엇보다 나의 실수 하나로 건물이 붕괴될 수도 있다는 점, 사고가 날 경우 가족을 만나지 못할 수도 있다는 점을 잊지 말고 조심해야 해요.

무엇보다 지급된 안전모, 안전대 등 보호구를 반드시 착용해야 하고, 각종 안전 조치 사항(장비 유도, 제한 속도 등)을 반드시 지켜야 해요.

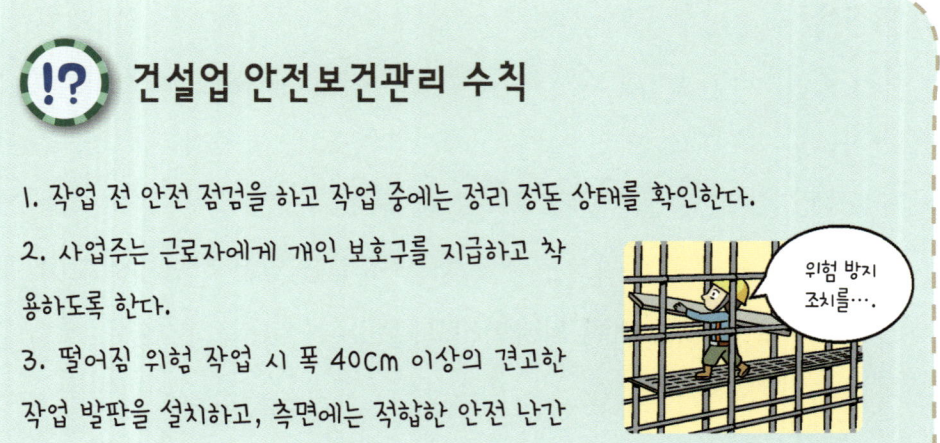

⁉ 건설업 안전보건관리 수칙

1. 작업 전 안전 점검을 하고 작업 중에는 정리 정돈 상태를 확인한다.
2. 사업주는 근로자에게 개인 보호구를 지급하고 착용하도록 한다.
3. 떨어짐 위험 작업 시 폭 40cm 이상의 견고한 작업 발판을 설치하고, 측면에는 적합한 안전 난간

위험 방지 조치를….

을 설치하여 재해를 예방한다.

4. 건설 장비는 장비 종류 및 능력, 작업 방법, 운행 경로가 포함된 작업 계획서를 반드시 작성하여 그에 따르도록 한다.

5. 벽이나 지붕, 바닥 등에 구멍이 뚫린 경우에는 반드시 단단한 덮개를 덮어 사람이 빠지지 않도록 하고, 어두운 곳에서도 잘 보이도록 표시한다.

6. 감전 재해를 예방하기 위해 전기의 접촉 상태 및 누전 차단기 작동 여부 등을 확인하고 필요하면 정전 후 작업한다.

7. 떨어짐 위험이 있는 장소에서 작업 발판 설치가 곤란한 경우, 추락 방지용 안전망을 작업 면에서 가까운 지점에 설치한다.

8. 거푸집을 받쳐 주는 틀(동바리)을 조립하거나 해체할 때는 반드시 구조 검토 후 조립도를 작성하고, 이를 지킨다.

9. 사다리 설치 시 견고한 구조로 일정 답단 간격 유지, 걸침 부위 60cm 이상 여장 확보, 벌어짐 및 전도 방지 조치한다.

10. 비계 작업 시 벽 연결을 규정대로 설치하고 최대 쌓는 무게를 지키며 해체 시 작업 순서대로 관리 감독자가 지휘한다.

* '안전보건공단' 자료 중 발췌

46 일상 속에서의 사고 예방법은 무엇인가요?

건축물은 지을 때도 위험 요소가 있지만, 건축물을 사용할 때에도 여러 가지 위험이 있을 수 있어요. 그래서 평상시에 안전에 대한 행동 지침을 알아 둔 다음 그에 맞게 건축물을 사용해야 해요. 또 사고를 당했을 때를 대비하여 대처 요령을 미리 알아 두는 것이 중요해요.

가장 중요한 일은 사고를 예방하는 것이에요. 그래서 건축주를 비롯한 건물 사용자에게는 안전의 중요성과 사고의 위험을 알리는 교육이 필요하지요. 여러분 같은 학생들도 학교에서 소방, 지진 등에 관한 안전 교육을 성실히 받아야 한답니다. 그럼 건축물 안에서 사고가 발생했을 때 우리는 어떻게 대처해야 할까요?

1. 집에서 정전(누전)이 됐을 때?

먼저 플러그를 뽑고 누전 차단기의 상태를 확인해야 해요. 전기는 위험하므로 직접 고쳐서는 안 돼요. 집에 양초, 손전등을 미리 준비하고, 정전되었다면 재빨리 관리 사무소나 전기 전문 회사에 연락해야 합니다.

2. 엘리베이터 안에서 엘리베이터가 고장 났을 때?

엘리베이터 비상 버튼을 누르고 경비실에 구조 요청을 해야 해요. 경비실이 없는 경우 엘리베이터 관리자에게 직접 연결이 되므로 엘리베이터 고유 번호와 위치를 침착하게 알려 주어야 하지요. 억지로 문을 열고 나오려고 하면 끔찍한 사고를 당할 수도 있으니 반드시 구조 요원을 기다려야 합니다.

3. 태풍이 불 때?

집 안에서는 유리가 깨지지 않도록 유리에 신문지를 붙이거나 테이프를 붙이는 작업을 해야 해요. 또 건물에 부착된 간판, 지붕, 창문 등이 떨어지지 않도록 튼튼히 고정해야 해요. 될 수 있으면 외출을 하지 말고, 정전을 대비해서 손전등을 항상 준비해 놓아야 해요.

4. 화재가 발생했을 때?

집에 불이 났을 때는 화재 경보 비상벨을 누르고 물에 적신 수건으로 코와 입을 막고 되도록 낮은 자세로 밖으로 이동하세요. 현관으로 나갈 수 없는 경우 완강기를 이용하여 내려오거나 옆집과 연결된 발코니 비상 벽으로 대피해야 해요. 만약 집에 완강기도 없고 비상 벽도 없다면, 119에 신고해 현재 있는 곳을 설명하고, 발코니 등 수도가 연결된 곳에서 기다려야 해요.

 학교에서의 사고 예방 방법!

1. 교실에서 - 교실에서 장난을 치지 말고, 책상 위로 뛰어다니지 않아야 해요. 교실 창밖으로 몸을 내밀면 안 되고요. 게시판에 붙은 압정 같은 것을 조심하는 것이 좋고, 커터 칼이나 조각도 등 날카로운 도구 등을 조심하도록 해요.
2. 강당에서 - 압사 사고를 예방하기 위해 되도록 앞 사람과의 간격을 유지하며 천천히 이동하고, 선생님의 통제에 따라야 하지요.
3. 식당에서 - 미끄러지는 사고가 발생하지 않도록 음식을 바닥에 떨어뜨리지 않도록 해요. 포크로 장난치지 말고, 국이 뜨거우므로 식판을 들고 이동할 때 조심해요.

47 그 밖에 알아 두면 좋은 건축 상식이 있나요?

Q: 계단에 난간이 있는 이유가 무엇인가요?

A: 난간은 계단의 가장자리에 나무나 쇠로 만든 기둥을 일정한 간격으로 세워서 막아 놓은 구조물이에요. 난간은 위에서 아래로 추락하는 것을 막아 주는 역할을 하지요. 그래서 계단, 창문, 옥상처럼 사람이 추락하거나 다칠 위험이 있는 곳에 주로 설치해 사람들이 안전하게 잡고 올라가거나 내려갈 수 있도록 한 거예요.

Q: 건물도 사람처럼 수명이 있나요?

A: 건물은 여러 가지 구조가 있는데, 어떤 구조체로 시공했느냐에 따라서 수명이 정해져 있어요.

사람이 운동을 열심히 하고 건강 관리를 잘하면 오래 사는 것처럼 건물도 관리를 잘해 주면 수명이 길어질 수 있어요. 건물의 수명은 얼마나 단단하게 시공하고 잘 관리했느냐에 따라 다르지만, 일반적으로 100년 이상으로 알려져 있답니다.

Q: 백화점 1층에 화장실이 없는 이유는 무엇인가요?

A: 백화점 1층에 화장실을 설치하지 못하는 것은 아니에요. 1층에 화장실이 없으면 2층 화장실에 갈 때까지 고객들의 쇼핑 시간이 늘어나기 때문에 일부러 화장실을 설치하지 않은 거예요. 마케팅을 목적으로, 최대한으로 쇼핑에 방해되는 요소들을 숨겨 물건이 많이 팔리도록 한 것이지요. 어떤 백화점은 에스컬레이터 방향을 서로 반대쪽에 만들어 손님이 여러 매장을 돌아다니며 쇼핑하게 만들기도 해요.

또 백화점에는 시계도 없고, 창문도 없는데요. 이것은 손님들이 시간이나 해가 지는 것을 보고 쇼핑을 중단하고 집에 가지 않도록 하기 위해서지요. 이렇게 마트나 백화점은 최대한 물건을 많이 팔 수 있는 방향으로 전략적으로 건축 설계를 하고 그에 맞춰 실내 인테리어도 한답니다.

Q: 도배는 무슨 뜻인가요?

A: 벽에 종이를 붙이는 일이라고 알고 있는 도배는 사전에서는 벽, 반자 등에 종이를 바르는 일이라고 정의하고 있으며, 한자로는 塗 칠할 도(칠하다), 褙 속적삼 배(배접하다_여러 겹 포개어 붙이다)의 뜻을 담고 있어요.

Q: 축척은 무엇인가요?

A: 건축 디자이너들이 커다란 건축물을 작은 도면에 그리기 위해 일정한 비율로 줄인 것을 축척이라고 해요. 축척이 없다면 건물의 실제 사이즈를 그려야 하니 엄청 불편하겠죠? 그래서 비율에 맞게 줄인 축소판을 만드는 거예요.

⁉ 반지하 집은 왜 생긴 걸까?

반지하의 집은 우리나라에만 있는 특이한 건축물이라 할 수 있어요. 나라에서는 대지의 절반 정도로 대지 아래에 공간을 만들면, 건축 공간으로 인정하지 않고 그만큼 더 만들어도 되게 혜택을 주고 있어, 1970년대쯤 반지하 집이 유행하기 시작했지요. 그런데 요즘은 빛이 들어오지 않고 환기를 하기 어려운 공간 환경으로 생각되며 인기가 없어 별로 지어지지 않고 있지요. 하지만 건축사의 능력과 아이디어로 주변 환경을 잘 이용하여 건축물을 짓는다면 아늑한 공간으로 재탄생할 수도 있을 거예요. 이것이 건축사가 해야 할 일이지요. 건축사가 상상하고 창의력을 발휘한 만큼 우리는 여유롭고 풍요로운 삶을 살아갈 수 있을 거예요.

48 미래의 건축은 어떤 모습일까요?

미래의 건축은 어떤 모습일까요? 한번쯤 상상해 본 적이 있죠?

미래에는 기계가 더 발달해서 아마 현장에 완벽한 기계 장비가 배치되어 모든 공사가 자동으로 이루어질 거예요.

사람이 컴퓨터에 시공하는 방법이나 시공 순서 등의 세세한 정보를 입력하기만 하면 현장에 있는 기계 장비가 그에 맞게 3D 프린터처럼 집을 자동으로 만들어 내는 거지요. 감리나 재료 운반 같은 것은 사람이 직접 하겠지만, 나머지 부분은 기계와 정보가 다 맡아서 하게 될 거예요.

미래에는 안전이 철저히 자동화 시스템으로 관리될 거예요. 사람의 안전은 물론 건축물의 안전과 기계의 안전, 정보의 안전까지 중요시하게 될 거예요.

미래의 건축에는 유비쿼터스와 사물 인터넷이 많이 사용될 거예요. 유비쿼터스는 어디서나 어떤 기기로든 자유롭게 인터넷 같은 통신망에 접속하여 갖은 자료들을 주고받을 수 있는 것을 말해요.

그럼 사물 인터넷은 무얼까요? 사물 인터넷은 사물에 센서를 달아서 실시

간으로 인터넷을 통해 데이터를 주고받는 기술을 말하지요.

이러한 유비쿼터스와 사물 인터넷을 건축물에 이용한다면 우리가 사는 세상은 편리한 정도를 넘어서 이전과는 전혀 새로운 세상이 될 거예요. 주방에서는 자동으로 요리가 되어 우리에게 음식을 가져다줄 것이고, 병원에 가지 않고 집 안에서도 전문적인 의료 서비스를 받을 수 있을 거예요. 침대에 유비쿼터스와 사물 인터넷이 연결되어 누워만 있어도 병원 시스템과 연결되어 그때그때 건강 상태를 검진받을 수 있는 세상이 되는 거죠.

건축물이 더 성장하고 발달하면, 자기가 알아서 통제하고 사람과 가족이 되어 주는 인공 지능 집이 생길 지도 몰라요. 어떤 사람들은 화성에도 건축물이 생길 거라고 예견하기도 해요. 아마 해저에도 건축물이 많이 지어질 거예요. 이미 지금 시대의 사람들이 3D 프린터로 바다에 해저 도시를 만드는 데에 도전하고 있거든요.

일본에서는 이미 3D 프린터를 이용하여 해저 도시를 짓고 있어요. 이 해저 도시는 지름이 500m나 되는 구형 속에 약 5,000명이 거주하는 도시라고 해요. 지금은 만드는 중이고, 2030년에는 실제로 이러한 해저 도시를 완성하게 될 거라고 발표한 바 있지요.

 **미래의 건축을 상상해 보아요!**

- 지금의 지하 상가보다 훨씬 큰 지하 도시가 만들어질 거예요.
- 해양 도시와 해저 터널에서 더 발전하여 해저 도시까지 만들어질 거예요.
- 우주 실험과 우주 구경이 가능한 우주 정거장과 우주 호텔이 만들어질 거예요.
- 집 안의 모든 것을 자동으로 제어할 수 있는 건물이 생길 거예요. 인공 지능과 센서 기술이 발달하여 자동으로 세탁기를 돌리고, 가스 불을 끄고, 보일러를 켜고, 블라인드를 내리고, 조명을 켜고, 집 안의 습도를 조절해 주고, 미세먼지를 확인해서 환기시켜 줄 거예요.
- 로봇이 건물을 짓는 시대가 올 거예요.
- 초대형 Mega 빌딩이 만들어질 거예요. 높이는 1,000m가 넘고, 넓이는 1km² (302,500평)가 넘는 Mega 빌딩에서는 건물 안에 자동차가 다니고, 운동장과 공원이 있고, 학교, 백화점, 아파트 시설이 있어서, 모든 걸 건물 안에서 해결할 수 있을 거예요.

49. 아파트가 일반 주택과 다른 점은 무엇인가요?

여러분은 아파트가 무엇인지 다 알고 있을 거예요. 그럼 네모난 큰 집을 모두 아파트라고 하나요? 아니에요. 크다고 다 아파트라고 할 수는 없어요.

여러 세대가 사는 집들을 공동 주택이라고 하는데, 이 공동 주택을 크기에 따라서 다세대 주택, 연립 주택, 아파트 등으로 구분하고 있지요. 그 가운데서 5층 이상의 공동 주택을 아파트라고 한답니다.

그런데 아파트는 어떻게 발전된 것인가요?

예전에는 초가집, 흙집, 나무집, 기와집과 같은 단독 주택밖에 없었어요. 단독 주택은 하나의 주택 안에 하나의 가족이 생활할 수 있는 집을 말해요. 집을 지을 수 있는 땅은 옛날 그대로인데 옛날에 비해 요즘은 사람들이 엄청 많아졌죠? 의학이 발달하면서 사람들의 수명이 늘어나 인구가 전보다 훨씬 많아졌기 때문이에요. 한정된 땅 위에 모두가 살 수 있는 단독 주택을 전부 다 지을 수는 없겠죠?

그래서 사람들은 위로 층을 올려서 높은 건물을 지어 방과 집의 수를 늘리기 시작했어요.

과학 기술이 발달하면서 건축 기술도 좋아져서 아주 높은 건축물도 지을 수 있게 되었고요. 그래서 좁은 땅에서도 많은 사람들이 살 수 있는 아파트 같은 형태가 나타나게 된 것이에요.

　　요즘 많은 사람들은 단독 주택이나 빌라보다 아파트를 더 좋아하는 것 같아요. 그래서 아파트가 더 비싸기도 하지요. 꼭 아파트가 비싸다고 할 수는 없지만, 같은 평수라도 아파트가 대체로 비싼 이유는 편의 시설과 환금성, 그리고 재건축에 대한 기대감 때문이에요. 편의 시설은 쇼핑, 학교, 관공서, 학원 등을 말해요. 아파트를 건설할 때는 편의 시설을 꼭 설치해야 하거든요. 환금성은 돈으로 바꾸어 쓸 수 있는 것을 말하는데, 단독 주택보다 아파트가 빠르게 팔리는 경우가 많기 때문에 아파트가 바로 돈으로 만들기에 유리하지요. 또 집값이 단독 주택보다 더 빠르게 오를 수 있어서 아파트에 투자하는 사람들이 더 많아요. 또한, 건물을 철거하고 다시 짓는 재건축을 기대하며 낡은 아파트를 사기도 해요. 새 아파트가 지어지면 집값이 많이 오를 거라는 기대감 때문이지요.

그럼 집값이 집집마다 다른 이유는 무엇인가요? 집값은 좋은 재료로 짓거나, 처음 건축할 때의 비용이 많이 들수록 비싸지요. 건축물은 건물의 주변에 교통, 편의 시설, 교육 시설 등이 잘 갖춰졌을 때 가격이 비싸지기도 하고요. 또 주상 복합, 일반주택, 빌라, 아파트 등의 건축 형태에 따라 집값이 달라지기도 한답니다.

 **아파트와 빌라와 주택의 차이점은?**

이름이 다른 이유 - 아파트와 빌라와 단독 주택을 모두 통틀어 주택이라고 하지요. 우리가 흔히 주택이라고 말하는 것은 단독 주택을 의미할 때가 많아요.

크기에 따라서 이름이 달라져요 - 아파트는 5층 이상인 공동 주택을 말하는 거예요. 우리가 흔히 말하는 빌라는 연립과 다세대로 구분하는데요. 연립은 4층 이하이면서 연면적(각층의 바닥 면적을 합한 면적)이 660㎡ 이상인 공동 주택이고요. 다세대는 4층 이하이면서 연면적이 660㎡ 이하인 공동 주택을 말하는 거예요.

주거 형태의 또 다른 이름도 있어요 - 원룸은 방 하나로 거실과 주방을 동시에 이용하도록 만든 방이고요. 다가구는 3층 이하이면서 660㎡ 이하인 단독 주택에 여러 세대가 거주하는 주택이에요. 주상 복합 아파트는 아파트와 상가를 한 곳에 함께 만들어 놓은 건물이에요.

50 발코니와 베란다와 테라스의 차이점은 무엇인가요?

발코니와 베란다, 테라스는 모두 건축물의 안과 밖을 연결하는 공간으로 전망이나 휴식을 위해 만들어진 공간이에요. 실내의 답답함에서 벗어나 멋진 경치를 감상하기 위해 만들어진 곳이지요.

발코니는 우리 전통 가옥에서는 없던 양식으로, 서양식 건축물에서 바깥으로 튀어나온 모양으로 난간을 두른 대를 말해요. 오페라를 상연하는 극장의 이층에 바깥쪽으로 볼록하게 튀어나오게 만든 특별석도 발코니라고 하지요. 요즘 대부분의 발코니는 건물 바깥벽에 튀어나와 있어서 아파트 거실이나 방을 더 넓게 해 주는 공간을 말해요. 원래 발코니는 건물 안과 밖을 연결하는 공간인데요. 멋진 경치를 보기 위해서나 휴식을 목적으로 건축물의 외벽에 설치하지요. 요즘은 아파트에서 거실이나 방에 연결된 발코니를 확장하여 실내 공간을 넓게 사용하는 경우가 많아요. 그런데 이 발코니를 베란다로 알고 있는 사람들이 많이 있어요. 아파트에서 우리가 흔히 베란다라고 부르는 부분이 사실 발코니인 거죠. 베란다도 발코니처럼 건물의 앞쪽으로 툇마루처럼 튀어나오게 만든 부분을 말해요. 그런데 발코니와 다른 점은 베란다는 벽이 없이 지붕을 씌운 부분으로, 위층이 아래층보다 좁아서 생겨난 공간을 말한다는 거예요.

테라스는 실내에서 직접 밖으로 나갈 수 있도록 만든 공간으로 휴식 공간 등으로 쓰여요. 테라스는 건물의 외곽으로 확장한 형태예요. 발코니보다 큰 규모의 공간으로 지붕이 없고, 다양한 용도로 사용하는 곳이에요. 가끔은 작은 수영장이나 옥외 욕조를 테라스에 설치하기도 하지요. 1층에 설치할 수도 있어요. 평평하지 않고 비탈진 땅을 활용한 테라스 하우스라는 개념의 공동 주택도 있답니다. 이제 발코니, 베란다, 테라스를 구분할 수 있나요? 그래도 헷갈린다고요? 그림으로 보면 더 잘 이해가 갈 거예요.

건축물들의 모습이 다 다른 이유는 뭘까?

건물도 사람처럼 생김새와 크기가 달라요. 그 이유는 건축가들이 설계할 때 어떤 용도로 사용하느냐에 따라서 가장 효율적인 건물 모양을 갖도록 만들기 때문이지요. 예를 들어, 유치원과 호텔의 모습이 다르지요? 용도에 맞는 모습으로 설계해서 그래요. 또 같은 용도라 해도 건축가들이 건축물마다 각기 다른 예술 작품으로 생각하며 창작을 하기 때문에 다 다를 수밖에 없어요. 외벽은 바깥에서 보이기 때문에 특별히 더 개성을 담으려고 노력하지요.

 **같은 집인데 넓어 보이기도 하고
좁아 보이기도 하는 이유는 뭘까?**

바닥에서 천장까지의 높이 차이가 나서 그래요. 천장이 높으면 시각적으로 넓어 보이게 되는데요. 기둥의 크기나 개수에 따라서 실제 사용 면적이 다를 수도 있고, 공간의 모양에 따라서 면적이 같은데도 크기가 다르게 보이기도 해요.

또 아파트가 같은 평수의 단독 주택보다 넓어 보이는 이유는 발코니를 확장한 경우가 많기 때문이에요.

51 건축물은 공장에서 만들 수 없나요?

"건축물을 안전한 공장에서 만들 수는 없을까?"

"공장에서 건물을 만들면 더 빨리 지을 수도 있지 않을까?"

네, 가능합니다. 공장에서 건축물을 만들 수 있어요. 실제로 공장에서 건축물을 만들면 더 빨리 지을 수 있지요. 무척 신기하죠?

건축물 중에 컨테이너 하우스와 모듈러 건축이라는 것이 있는데, 바로 이 건축물들이 공장에서 제작해 와 땅 위에 설치하는 스타일의 건축물이지요.

이런 건축물은 공사 기간이 빠르다는 장점이 있어요. 또한, 설치할 때에 기초 공사가 필요 없고 이동과 재설치가 간편하며, 설치 즉시 사람들이 들어가 살 수 있으므로 많은 시간과 돈이 절약되지요. 공장에서 거의 만들어져서 오기 때문에 현장을 어지르지 않아 먼지나 소음 없이 깔끔하게 건축이 진행되지요.

그러나 안 좋은 점도 있어요. 컨테이너 박스의 철판 속에는 별도의 방음재나 단열재가 없기 때문에 매우 덥거나 춥다는 단점이 있지요. 그래서 단열재를 보강하거나 창문을 새로 만들어 더 나은 환경을 만들기도 한답니다.

컨테이너 하우스는 일반적으로 차로 나를 수 있는 이동식 집을 말해요. 대부분 이동이 쉬운 소형 주택으로 만들고, 이동이 불가능할 경우는 세트형 조립 시스템을 갖추고 재료들을 부분부분 미리 만들어 두었다가 그런 세트들을 싣고 가 현지에서 집으로 조립하기도 하지요.

모듈러 건축은 공장에서 건축물의 주요 부분을 제작한 다음 현장으로 운반하여 단기간에 설치하고 마감하는 친환경 건축 시스템이에요. 또 대량 생산을 하기 때문에 공사비가 적게 들고 현장의 공사 기간이 짧아지는 장점이 있어요. 또 집이 필요 없게 되었을 때 철거(없애는 것)도 간편하지요.

앞으로는 공장에서 만들어서 조립되는 집들도 점차 다양해지고 기술도 훨씬 더 발달하게 될 거예요.

여러분이 어른이 될 때쯤엔 더욱 훌륭한 건축 기술이 많이 발달할 거예

요. 여러분이 어른이 되었을 때 지을 집, 또는 건축가가 되어 만들 멋진 건축물들을 한번 구상해 보세요!

 건축물의 높이는 누가 정할까?

우리나라에서는 건물의 높이와 크기를 나라에서 건축법으로 정해 주고 있어요. 건축법은 건축물을 지을 수 있는 땅과 어떤 재료로 어떻게 지을지에 대한 구조 그리고 수도, 전기, 통신과 같은 설비에 대한 기준을 정해서 건축물이 안전하고 편리하게 지어지게 하려고 만들어진 법률이에요. 그러니까 건축물의 높이는 나라에서 정하는 것이지요!

 전원 주택은 무엇일까?

1980년대 이전에는 전원 주택이라는 말이 없었어요. 2000년대 들어서 웰빙에 대한 관심이 높아지면서 답답한 도시를 떠나 한적한 시골에 내 집을 짓고 살고 싶어하는 사람들이 나타났고 이렇게 지어진 집들이 '전원 주택'으로 불리게 되었지요.
전원 주택은 도시의 주변부 시골이나 녹지에 지어지기 시작했고 친환경적인 단독 주택으로 많이 지어졌어요. 최근에는 생활 편의성을 고려하여 편의 시설이 있는 단지형 전원 주택도 지어지고 있지요.

세기의 건축물 6

앙코르문화의 대표 유적
캄보디아 앙코르와트

- 캄보디아 시엠립 위치
- 1190년 제작
- 크메르 양식
- 크메르 왕 수르야바르만 2세에 의해 건립
- 힌두교에 기초
- 1992년 세계 문화유산 지정

앙코르와트는 캄보디아의 앙코르에 위치한 사원이에요. 12세기 초에 수르야바르만 2세에 의해 지어진 옛 크메르 제국의 도성으로 약 30년에 걸쳐 지어졌다고 해요.

앙코르와트는 앙코르에서 가장 잘 보존된 사원이에요. 또 지어진 이래 모든 종교 활동의 중심지 역할을 맡은 사원이기도 하지요. 처음에는 힌두교 사원으로 힌두교의 3대 신 중 하나인 비슈누 신에게 봉헌되었고, 나중에는 불교 사원으로도 쓰였다고 해요. 앙코르와트는 세계에서 가장 크고 아름다운 종교 건축물로서, 옛 크메르 제국의 수준 높은 건축 기술이 가장 잘 표현된 유적이에요. 또한, 캄보디아의 상징처럼 되어 국기에까지 그려져 있을 정도지요. 그래서 수많은 관광객들이 앙코르와트를 보기 위해 캄보디아를 찾고 있답니다.

왕권과 신들의 세계를 나타내는 유적!

앙코르와트는 사원의 정문이 서쪽을 향하고 있는 것이 특징이에요. 이것은 해가 지는 서쪽에 사후 세계가 있다는 힌두교 교리에 의한 것으로 왕의 사후 세계를 위한 사원임을 짐작할 수 있지요. 또 해자(물)로 둘러싸여 있는 이 사원의 구조는 크메르 사원 건축 양식에 따라 건축된 것이라고 해요. 중앙의 높은 탑은 우주 중심인 메루 산이며, 주위에 있는 4개의 탑은 주변의 봉우리들을 상징해요. 외벽은 세상 끝에 둘러쳐진 산을, 해자(물)는 바다를 의미하지요.